多彩贵州

地方民族文化绘本

我的家乡在麻江

顾　问　班建武

主　审　罗焕江

主　编　王　娜

编　委　曾　艳　周永平　刘　洁　柳　青

董电丽　唐榕蔚　张泰菊　赵华甫

西南交通大学出版社

·成都·

图书在版编目（CIP）数据

我的家乡在麻江 / 王娜主编. —成都：西南交通大学出版社，2020.12
ISBN 978-7-5643-7838-7

Ⅰ. ①我… Ⅱ. ①王… Ⅲ. ①风俗习惯 - 介绍 - 麻江县 Ⅳ. ①K892.473.4

中国版本图书馆 CIP 数据核字（2020）第 230314 号

Wo de Jiaxiang zai Majiang
我的家乡在麻江

主编　王　娜

责任编辑　郭发仔
助理编辑　吴启威
封面设计　原创动力

出版发行　西南交通大学出版社
（四川省成都市金牛区二环路北一段 111 号
西南交通大学创新大厦 21 楼）
邮政编码　610031
发行部电话　028-87600564　028-87600533
网址　http://www.xnjdcbs.com
印刷　四川煤田地质制图印刷厂

成品尺寸　185 mm × 260 mm
印张　9.25
字数　134 千
版次　2020 年 12 月第 1 版
印次　2020 年 12 月第 1 次
定价　45.00 元
书号　ISBN 978-7-5643-7838-7

序

Preface

文化自信既是一个民族得以屹立于世界民族之林的重要前提，也是个体获得自我文化归属感和安全感的必要条件。越是在改革开放的时代，越是要坚守民族的文化根性。习近平总书记多次强调："增强文化自觉和文化自信，是坚定道路自信、理论自信、制度自信的题中应有之义。"要增强年轻一代的文化自信，就需要从增强他们对民族文化的了解和认同做起。

由王娜校长主编的《我的家乡在麻江》一书，立足于麻江县丰富多彩的民族风俗习惯、文化特点、生活智慧，用具有趣味性的故事、儿童化的视角、教育性的逻辑，生动展示了麻江县多民族文化世界的靓丽画卷，为少年儿童认识家乡、了解家乡、热爱家乡提供了很好的教育文本。这无疑有助于从小在孩子们的心中植入文化自信的基因。本书的意义体现在：

将宏大的文化自信主题与孩子们日常文化生活有机融合，在很大程度上解决了文化自信教育如何落地的现实问题。文化自信是学校必须思考和落实的现实教育任务。其教育难点在于如何将文化这一个相对抽象的概念，用孩子可观、可触、可感的方式直观地呈现出来。本书巧妙地将文化的概念渗透在当地多个民族鲜活的日常生活当中，用一种日常化的故事性叙述，将民族文化的优美和智慧用孩子们听得懂的方式娓娓道来，从而在很大程度上克服了孩子心灵世界对文化的疏离感。

将文化自信教育的知性学习和情感性认同、行动性实践主动结合，努力实现文化自信教育“内化于心，外化于行”的育人效果。文化自信不仅是一种观念上的认知，更是一种情感上的内在悦纳和行动上的主动实践。文化自信的培育只停留在简单识记的层面，就难以真正被触动和接受。本书的积极意义在于，一方面通过审美化的编排和儿童化的呈现来引起兴趣，另一方面通过大量富有探索性的活动设计来激发孩子们主动探究的动力。这在一定程度上实现了文化自信教育知情行的统一。

将民族的独特文化和中华民族文化的内在统一性充分贯通，使孩子们形成 “多元一体”的完整国家观念。本书在内容的选择方面，不仅注意到民族的文化特殊性，同时也高度重视帮助孩子们形成完整的国家意识。本书在最后以“民族团结一家亲”为主题，从更为宽广和上位的层面带领孩子们去把握“多与一”的关系，从而有助于孩子形成“各美其美，美美与共”的民族观。

总而言之，该书为我们思考如何在民族地区开展文化自信教育、增强少年儿童的国家认同感提供了很好的实践案例。我衷心期待在王娜校长及其团队的不断努力下，在民族教育校本实践方面探索出更多、更好、更具科学性和时代性的有益经验。

班建武

2020年11月

前　言

Foreword

小朋友们，欢迎来到我美丽可爱的家乡——麻江。谈起麻江，我可是有说不完的话啊！我的家乡位于贵州省中部，清水江上游，是黔东南苗族侗族自治州的西大门；面积960平方千米，总人口17.66万人。这里气候宜人，冬无严寒、夏无酷暑、雨热同季，是个适宜居住、游玩的好地方，一定不要错过哟！麻江是一个物产丰富、风景优美的好地方，我为自己是一个麻江人而感到自豪！

食在麻江

我的家乡最出名的当属红蒜、锌硒米、蓝莓了。红蒜外表呈淡紫色或紫白色，蒜瓣白皙细嫩，蒜包紧实耐贮，品质优良，麻江也因此在2003年荣获“中国红蒜之乡”的美誉。锌硒米含锌、硒、钙等十余种对人体有益元素。优质的锌硒米让麻江县拥有“中国锌硒米之乡”的美誉。蓝莓含有丰富的维生素A、C、E，以及大量的花青素等，麻江因此也有“中国蓝莓之乡”的美誉。

景在麻江

麻江不仅有清水江山水情韵、仙人桥省级森林公园，还有省级文物保护单位清末状元夏同龢故居、明清黔桂古驿道麻江段等人文景点，苗族风情歌舞表演赛和赛龙舟、斗牛、斗鸡、斗鸟、斗狗等民间体育，以及具有独特、浓郁民族特色和风俗习惯的杏山六堡、宣威乌羊麻、卡乌、基东、龙山河坝、复兴等地。

魅力麻江

麻江拥有2项国家级非物质文化遗产——枫香印染技艺、苗族织锦技艺，以及瑶族服饰、仫佬年、畲族粑槽舞等9项省级非物质文化遗产。它们吸引着无数的人慕名而来。来到麻江，一定会让你惊叹连连！

编　者

2020年8月

目录 Contents

第一单元　走进苗乡

第二单元 体验瑶俗

第三单元 做客畲寨

第六单元　民族携手　璀璨贵州

第一单元

走进苗乡

小朋友们，你们好！

我是你们的好朋友贵贵，一个苗族小女生，我今年十一岁。可能有些人不太了解我，所以，现在我做个自我介绍吧。我有双炯炯有神的大眼睛，一个小鼻子，一张小嘴巴和两只不大不小的耳朵。我有个很幸福的家庭和很多好朋友。我非常喜欢交朋友，也希望你们能喜欢我的家乡，能和我做朋友。我的家乡麻江县居住着苗族、布依族、畲族、瑶族等多个少数民族。现在的麻江以蓝莓之乡闻名于世，是贵州多民族融合的典范。同时，这里也是状元故里，清末状元夏同龢（hé）的故居就在这里。

小朋友们，你们知道什么是状元吗？查查词典了解什么是状元吧！

夏同龢（1874—1925），字用卿（用清），又字季平，号狮山山人。贵州省麻江县人。中国近代法政的开拓者、教育家、书法家和社会活动家。

至今犹存的“两街道一故居”，能令人依稀感觉到当年的荣耀：“两街道”中的一条街道是指位于贵阳市团井巷的“夏状元街”，因夏同龢曾在此居住而得名；另一条街道则是位于广州市越秀区的“法政路”，因夏同龢在此选址建起法政学堂而得名。“一故居”指在他的家乡麻江县高枧村狮山脚下的故居，原有亲笔写的“状元第”匾和“努力崇明德，随时爱景光”楹联。如今状元第已成为省级文物保护单位。有机会你们一定要亲自去看看哟！

小朋友们，提到麻江的苗族，我脑海里便闪过“眼花缭乱”“五花八门”两个词。

在麻江的苗族乡，你能体验到丰富多彩的苗家祭鼓节、芦笙节、爬坡节等节日；你能看到多才多艺的苗族人，是如何把恶劣的地形变成艺术，运用最巧妙的建筑技艺，不用一钉一铁，盖起可以住上百年的吊脚楼；你能欣赏到苗族人如何把心里的图案都绣在了锦布、服饰上，异彩纷呈，飘逸多姿。然而最厉害的不是这些风俗人情、瑰丽风景，而是充满智慧的苗族人创造的栩栩如生的苗族织锦技艺、舌尖上的苗族酸汤鱼制作技艺、苗族武术、苗医药（骨髓骨伤药膏），这些被称为非物质文化遗产的瑰宝。

苗族的原生态和凝聚的智慧在这里体现得淋漓尽致，大家赶紧跟随贵贵的脚步去看看吧！

图1-1　夏状元家乡

一、苗族的非物质文化遗产

1. 布上作画

2008年，由贵州省黔东南苗族侗族自治州麻江县、雷山县申报的苗族织锦技艺入选第二批国家级非物质文化遗产名录。

小朋友们，你们知道吗，苗族织锦又称织花，即以编织形成的花纹织物。苗锦是苗族妇女利用当地所产的蚕丝、苎麻、木棉等纤维染彩而织。《黔书》称这种织法为“通经回纬”。其使用的平纹木机，必须用长约10厘米的舟形小梭，装入花纹色彩需要的各色彩纬，依花纹图样色彩分块、分区、分段挖花缂织，其特点是：本色经细，彩色纬粗，以纬克经，只显影纬，不露经线。彩纬充分覆盖在织物表面，正面色彩艳丽。花纹生动活泼，反面呈不规则状。纬线并不贯穿整个幅面，花纹轮廓边界与地纹之间的交接处留有一定的空隙，俗称“水路”。细细品味，很有些雕刻镂纹的立体效果。苗锦纹饰题材广泛，飞禽走兽、花草鱼虫、山川日月，无所不有。其表现形式丰富多彩，既有规律性的几何纹，又有古典式的菱形、四方形，还有介于几何纹与自然纹间的装饰纹样。艺术手法简洁、大胆夸张，巧妙地运用了点、线、面的疏密虚实、粗细大小、斜直长短等进行变化与组合排列，总体布局均衡，结构严谨，在安静中有动势、规整中有变化，展现了一种明快活泼而又朴实纯真的艺术情趣。织锦方法有挑织、机织、编织三种。挑织都属宽锦，机织和编织只用于锦带。

图1-2　苗族织锦

苗族织锦的来历

相传贵州省苗族织锦距今已有七百余年的历史。你们知道吗，苗家女儿出嫁之时，需要穿上母亲亲手编织的盛装嫁到夫家，要用自己织的背带来背孩子，这已经成了一个不成文的习俗。因其七彩的丝线编织了苗家女儿一生多彩的梦。20世纪90年代以前，苗族织锦以母传女的方式世代相传，盛行不衰，这就是织锦吸引我们的魅力之一。

图1-3　制作织锦

五彩缤纷的织锦

我们麻江县苗族织锦主要有锦布和花带两种。锦布一般宽一尺余；花带根据用途的不同，宽窄也不一样，宽者五六厘米，窄者仅二三厘米，长度同样根据需要确定。苗族织锦所用丝纱分素、彩两种，彩纱可有五色。织锦图案多源于生产生活，以自由灵活的装饰纹样为主，主体是几何图形，以大菱形为框架，各种图案花纹相互连接在一起，布满画面，整体图案规整紧凑，饱满对称，美观大方。

苗锦是苗族人民生活中不可或缺的物品，多用作衣服、围腰、背带、背包、腰带等的面料。它反映着苗族的历史和社会形态，具有学术研究价值。织锦本身构图精美，图案灵活多变而又协调对称，立体感强，具有极高的美学研究价值。由于苗族织锦全是用手工织造而成，既费时又费力，所以现在从事苗锦织造的人不多，爱好而愿意学习的人也为数极少。目前这门富于特色的手工技艺已经濒临失传，掌握它的只有极少数中老年妇女，所以，保护苗族织锦技艺已成为当务之急。

活动：收集整理

小朋友们，了解了那么多有关苗族织锦的情况，请你们收集一下关于苗族织锦的相关图片，分享给大家看看吧！

2. 顶呱呱的美味

小朋友们，你们知道吗？2009年，苗族酸汤鱼制作技艺（麻江县、凯里市）入选贵州省第三批省级非物质文化遗产代表作名录，这“舌尖上的美味”收获了一致好评。

“三天不吃酸，走路打蹿蹿。”

“谷草捆谷草紧上紧，吃了酸汤鱼腰杆子硬。”

“最白最白的，要数冬天雪；最甜最甜的，要数白糖甘蔗；最香最美的，要数酸汤鱼。”

图1-4 苗家长桌宴

“做不成酸汤的姑娘，嫁不出附近村庄。”

…………

这些广泛流传于苗族间的民谣歌词，无不反映了苗族人与酸汤鱼割舍不断的“情谊”。

作为地道的本地人，我们都知道酸汤鱼重点不在鱼，而在酸汤，汤做好了，这道美味的佳肴便成功了一半。

无论是凯里市还是麻江县，苗族的酸汤，善用糯米水、清米汤、米泔水，或是煮面条的汤水、老面（发酵的成面）、“吊浆粑”（用糯米磨浆、过滤沉淀、纱布滤干而成）等原料制作酸汤，经煮沸原料、进行搅拌、装缸密封进行发酵、加以佐料调试不同风味。

我们贵州的酸分为很多种，其中苗家的酸汤多是清酸汤，在清酸汤中添加发酵过的红糟辣汁，就变成现在人们所熟知的红酸汤。

图1-5　美味酸汤

活动：动动手

小朋友们，看着这令人垂涎三尺的酸汤，你难道不心动吗？让我们和爸爸妈妈一起，动起手来学着制作一下吧！

3. 不一样的苗族武术

提到中国功夫，大家往往第一时间想到“太极拳”“少林棍”，其实贵州当地的苗族武术历史也是源远流长，苗族武术的起源主要是狩猎和战争，因此，它是一种以搏斗技能为主旨而又能强身健体的一项技能。这样的沿袭主要分布于龙山、下司一带，以龙山潘氏和下司回龙的龙氏为主要代表。

苗族武术主要讲究武德与武功统一，内功与外功兼备，心、手、眼互相配合。它分徒手和器械两大类，其中徒手是苗族武术的基础，其风格特点是架势凶猛、气势刚烈、步法稳健、发招狠绝。徒手又分为粘功、策手、花拳等几方面，主要有猫儿拳、狗儿拳、反梅花、饿虎扑羊、四门开、八门擒打等套路。徒手讲究桩、身、步、手、进、顾、气、三性调养等“八法”，以“八法”为基础衍生出十二套基本功、三十六攻打、七十二擒拿。器械按长短的不同分为长兵器和短兵器，长兵器有梭镖、棍、镋、猫叉等，短兵器有刀、剑、匕首等。

活动：学一学

小朋友们，如果你们想见识一下不一样的武术，不妨找一找苗族武术视频来看看吧，跟着视频练一练，还可以强身健体哦。

苗族武术在2009年被公布为省级非物质文化遗产名录。

4. 神奇的膏药制作人

说到“神奇”二字，不得不让我们对苗族的苗药感到惊叹！苗医药（骨髓骨伤药膏）传承历史悠久，具有浓厚的苗医药特色和苗族文化特征。西汉刘向在《说苑·辨物》中写道：“吾闻上古之为医者曰苗父。苗父之为医也，以菅为席，以刍为狗，北面而祝，发十言耳，诸扶而来者，举而来者，皆平复如故。”苗药目前主要流传于麻江县境内的宣威镇及周边乡镇的各个苗族村寨。

图1–6　制药

流传于下司回龙龙氏家族的苗医药（骨髓骨伤药膏）是该家族的祖传秘方。由于龙氏家族是武术世家，平时喜好习武，苗族武术创始人龙再文在日常生活和习武过程中遇到筋肉骨折伤、跌打损伤，往往自己寻找药物治疗，因此创立了用岩马桑、见血飞、透骨香等15味药经过晒干、粉碎、高温、过滤，再经过“七七四十九天”的浸泡而制成的炼膏技术。这种炼膏技术是结合苗乡的医学文化和独特的苗族民间外治疗法，实施熏洗疗法、膏药外敷、穴位敷贴等“皮肤吃药”的内病外治之法。苗医药（骨髓骨伤药膏）在2014年更被公布为第四批省级非物质文化遗产代表性项目名录。

活动：说一说

小朋友们，你认识几种草药呢？不妨问问爸爸妈妈、爷爷奶奶，或许你会知道得更多哦！

二、苗族建筑

木头做的长脚屋子

小朋友们，如果你们来到麻江，总能看到那一座座依着山、傍着水的木头小屋，那就是苗家一道亮丽的风景线——吊脚楼。

吊脚楼是苗族人智慧的象征，把房子做成如此奇怪的形状，好像块块拼在一起的豆腐干，方方正正。几个房间合理放置，客厅在实心的土地上，其他房间都是悬空的，靠四根杉木柱子支撑，既可以通风，又能防止毒蛇野兽的攻击。上住人，下放物，节约空间，造价低廉。

图1-7　吊脚楼

图1-8　吊脚楼

吊脚楼被分为三层。上层是客厅；中间是起居室，但有规矩，外人不可进入；下层可以用来堆杂物，也可以养家禽。

要是你们去苗家做客，你们就一定会被请进客厅。一进屋，你们会感到一股清凉的空气扑面而来，阳光射进小屋里，暖洋洋的。只觉得身在“空中楼阁”，放眼望去，天空的颜色、鸟的颜色、花的颜色、虫子的颜色……与吊脚楼一起汇成了一幅巨大的画卷。

到过苗乡的外地人说：“苗乡美”“土乡美”，美就美在这吊脚楼。小朋友们，你们想要去麻江当地看看这充满苗族特色的吊脚楼吗？

活动：画一画

想象一下属于你的吊脚楼，并把它画下来吧！

三、别具一格的苗族服饰

亮闪闪的花衣裙

说到苗族服饰，我的脑海中就会浮现一件色彩明亮的衣服，耳边就会传来一阵悦耳动听的声音。美丽的苗族姑娘穿着五彩缤纷的服饰，戴着各式各样银饰，一边唱着属于她们的歌，一边翩翩起舞地向我们走来，这一幕令人久久难忘！

苗族服饰是中国少数民族最具代表性的服装之一，服装与配饰的相互搭配，让人感受到浓烈的民族艺术色彩。苗族服饰的特点在于其不仅有精美的刺绣图案，还能将生活与娱乐很好地融合。

图1-9　苗族姑娘服饰

（a）

（b）

图1-10　苗族服饰

图1-11　苗族服饰

苗族的服饰有30多种不同的款式。苗族盛装主要以银饰为主体，银饰做工考究，有模仿动物羽毛打制而成的银片，有孔雀等吉祥鸟造型的头冠，还有最后插在头上的象征图腾的牛角等饰物。每年苗族人大代表穿着这身服饰到北京参加全国人民代表大会，人们惊叹于苗族服饰的美丽，都争相和她们合影留念。

四、热闹的苗族节日

铜鼓舞跳起来

小朋友们，农历二月初二，贵州省黔东南苗族侗族自治州麻江县卡乌苗寨迎来了一年一度的苗族“祭鼓节”，上万名身着节日盛装的苗族群众欢聚在卡乌村的跳鼓场欢跳铜鼓舞，欢度自己的节日。苗族“祭鼓节”是卡乌村流传久远的传统节日，在每年的农历二月初二举行，是苗族同胞在春耕开始前祭祀祖宗，祈求风调雨顺、五谷丰登的仪式活动。每年的“祭鼓节”过后，村民们将停止所有的娱乐活动，开始进行春耕生产。

我们麻江县的苗族历来有祭鼓习俗，世界八大铜鼓之一——麻江型铜鼓就出土于麻江县，现在各地使用的铜鼓多为麻江型铜鼓。目前麻江县境内卡乌、翁保、岩莺等地仍保留有世代流传的古铜鼓数面，卡乌村祭鼓节从历史上沿袭至今，卡乌村也是麻江祭鼓活动最隆重的地区。祭鼓节是由鼓藏节演变而来的，节日内容有祭鼓、祭祖、宴亲友，以及跳踩鼓舞、斗牛、唱歌、龙舟比赛等娱乐节目，节日要过三天。

传说祭鼓节跳木鼓舞有这样一个传说：很久以前，每年正月，人们都要上九重天和祖宗一起过节，吹芦笙、跳木鼓舞十二天才回来，这样祖宗们才快乐。后来出现了很多的妖魔鬼怪和害虫作恶，人们被灾祸病疫、饥荒闹得不得安生，还发生了虎妖趁大人上天踩鼓时来吃掉小孩的悲剧。氏族长老告当向祖宗诉说请求帮助。天上的祖宗就将威力无比的木制天鼓，送给他带回凡间镇妖驱邪。天鼓有九尺长、七抱粗，告当他们扛也扛不起、拉也拉不动，他们在众多鸟兽帮助下，想方设法把天鼓移到天河里慢慢拉回家乡。等拉到寨边的河滩上时，已是农历二月第一个猪（亥）日了。乡亲们架起天鼓，“咚咚咚”地敲起来，妖魔鬼怪和害虫们当即死的死，逃的逃。人们高兴得接连跳鼓唱歌欢庆了三天，还把祖宗也从天上请下来，与子孙后代们一起饮宴同乐。祖宗临走时，吩咐把鼓藏进山洞中，每年二月都要翻出来敲一回，跳木鼓舞一天，就会吉祥平安。这年果然风调雨顺，万物繁荣，五谷丰登，人畜兴旺。九月秋收结束，乡亲们为了感谢祖宗保佑他们获得了丰收，又隆重祭祀祖宗，过节一天。从此兴起了每年二月祭鼓节。由于天鼓太大太重，抬鼓进出山洞很不方便，后来人们就改制为小木鼓，也不再藏于山洞，而是放在家中了。

节日前一天，鼓头要在自家的田里去抓鱼，如果没有就要到河里去抓，如果还是抓不到，那只有去向其他人家田里讨要。鱼是祭祀祖宗必不可少的东西。

节日第一天清晨，各家蒸糯米饭、杀公鸡、煮鱼炒肉，在桌上或簸箕内摆上糯米饭、甜酒、鱼、鸡、肉等祭品，烧香纸，酹酒掐食祭祖。鼓头家里，把同样的祭品摆在木鼓前，鼓头身穿花缎长衫，头戴已抽掉粽粑叶只剩竹篾骨架的斗笠（象征四季如春、风调雨顺），率参加祭鼓的人站立，鼓头念祭祷词，烧香纸酹酒掐食祭木鼓（即祖宗），然后用鼓棒敲鼓数下，仪式结束，接着各家与来客共同饮宴。下午4时，再次祭鼓之后，一群盛装男女在鼓头的带领下把木鼓抬到寨脚河沙坝的踩鼓场架起，咚咚地敲响起来。此时，在这段水流清澈平静的小河岸边及沙滩上，挤满了本村本乡和来自县内以及凯里市等地的群众。他们人人穿戴一新，尤其是那些年轻姑娘们，一个个穿着彩绣与银饰满身、艳丽夺目的盛装，更显得美若山花。

图1-12　铜鼓舞

图1-13　铜鼓舞

踩鼓场上，首先由本寨的姑娘和小伙子们出场，围成圆圈，随着鼓点缓缓地跳起踩鼓舞，然后客寨来的青年男女们才参加进来。欢跳到天色黄昏，便收鼓回寨欢宴。

据村中老人说，卡乌原来木鼓、铜鼓都有，祖传的木鼓早已不存，现在仅存李家传了很多代人的铜鼓，那面鼓刻有“大明鼓库制”的字样。

五、县内著名苗寨及苗族传统活动

1. 摆仰村里的摆仰苗族

小朋友们，现在跟随贵贵的脚步去感受神秘的摆仰村吧！摆仰村隶属黔东南州麻江县下司镇。《麻江县志》记载：摆仰文姓苗族按“子父连名制”推算，文姓祖先名莽（苗语：“Mangx”）。定居摆仰已繁衍生息25代人，距今已有700余年。摆仰苗族人民勤劳、勇敢、睿智，保留着古朴典雅的语言、服饰及风俗习惯，并随着时代的步伐不断改良和发展。

摆仰苗族人民有在房前屋后种树栽竹、培植果木美化环境的传统，村中竹木葱绿，村后古树参天。摆仰寨后的虎崖山，寨人以“议榔”的形式进行封山育林，山上的一草一木均保存完好，保持着良好的生态环境。

摆仰苗族主食大米，喜食酸辣味，将自种的辣椒、蔬菜等制成酸辣、糟辣、盐酸菜，还制有清酸汤和灰糟，都是煮酸味的主要调料。用各种蔬菜、肉类煮的素酸、油酸，菜脆、肉嫩、汤鲜，食用之后可以解渴、祛热。

摆仰苗族人民喜爱吃糯米饭，它是婚期、行亲、待客的主要食品和礼品。当地人民逢年过节煮糯米饭供家人团聚时食用。

酸汤鱼是苗族人民的传统名菜。将清酸汤或酸辣兑水于火锅中煮沸，只取去鲜鱼胆，放入沸汤中煮至鳞蓬起时，再加入鱼香菜、花椒等香料即成。吃时蘸辣椒水，鱼肉嫩、汤鲜、味美。

摆仰苗族的青壮年和老年人多数饮酒，有自制酒曲和酿造技术。多用大米、玉米、小麦、高粱等酿制，有“客至必饮”的独特礼节。人们在酒席间都要猜拳行令，妇女敬酒，以歌助兴，表达敬意。

图1-14　摆仰苗族

摆仰苗族传统服饰用家织土布缝制，男子服饰有对襟大褂和右襟长衫两种。青壮年男子多着对襟大褂，老年男子多穿右襟长衫，头包表蓝布帕，脚穿布鞋，下装多为宽裆长裤。

女子服饰，分童装、青少年装和老年装。女童装为右襟长衫，帽檐缀有银饰，穿绣花布鞋。女青少年平时着交叉口搭领、大袖、宽褊、锡扣短衣、短褶裙，褶裙前后各拴盖裙帕。头结髻盘发，有的戴绣花露髻帽。腿至踝缠布裹脚，穿大口布袜。逢芦笙节、踩鼓节，女青少年着盛装，头髻插银角，髻根挽银链，戴银花、银帽，别银梳，戴项圈，身着缀满银饰的紫色绸缎衣，衣脚大褊绣花卉，挂银铃，束丝织腰带，背竖披缀满银泡绦带，左右手臂的绒料套上各戴等同数量的手圈；下着褶裙，裙前拴绣花帕，帕脚用彩须缀边，后裙盖紫色缎帕，帕脚织成网状，网线依次包裹银片，腿缠裹脚。老年妇女平时着交叉口便装，头搭青布帕，冬天束腰带、穿细褶裙、包裹脚、穿布鞋。

随着经济社会的不断发展，苗族人民的生活日趋美好，人们平时的衣着也在悄然改变，但是在传统节日或重要活动场合，他们还是会穿着民族盛装，继承美丽而宝贵的传统。

2. 热闹喧嚣的节日

小朋友们，你们最喜欢什么节日呢？跟随我来体验一下我们的苗族节日吧！

（1）芦笙节。每年正月十五、十六是摆仰苗寨的芦笙会期，规模盛大。节日期间，同时开展斗牛、斗鸟、斗鸡、赛马、篮球等活动，设奖鼓励。芦笙堂上，数百支小芦笙和数米高的大芦笙齐鸣，响彻数里。身着盛装的姑娘们，伴随着芦笙曲调翩翩起舞，尽兴欢乐。入夜，节日的苗寨沉浸在芦笙曲、猜拳声、酒歌声、情歌声的欢乐之中。

（2）闹春。农历二三月，逢“子（鼠）”“午（马）”日，为苗族人民闹春佳期，二月在凯里市翁义村钉耙山，三月在摆仰翁约冲举行集会。邻近青年男女云集会场联欢。青年人通过对唱山歌择偶，中老年人喜爱斗牛、斗鸟，乐而忘返。

（3）爬坡节。每年农历七月逢“子（鼠）”“午（马）”日，在麻江县与凯里市交界处的长岭岗举行爬坡集会。当天，居住在长岭岗两侧村寨的各族数以千计的男女青年，欢聚山岗，共同联欢。男女对唱情歌，选择伴侣，交换信物，约期再会。

（4）吃新节。农历七月十三日，是摆仰一带苗族人民的吃新节。当天各户割下黄熟“田坎米”穗一束，挂在“神龛”前，有的还将早熟的糯谷舂来做饭，煮鱼供祖宗。敬毕，合家团聚吃新米饭，饮丰收酒。次日，举行斗牛集会，共庆丰收。

图1-15　苗族人的节日盛装

活动：看一看

小朋友们，了解了那么多有关祭鼓节的知识，让我们搜索相关视频，一起来领略一下铜鼓舞的风采吧！

3. 翁保乌羊麻也有苗族人

小朋友们，现在我们一起认识认识乌羊麻苗寨，它是2006年贵州省批准立项的全省102个新农村建设示范点之一，是贵州省级名胜风景生态旅游胜地的有机结合项目。

小朋友们，翁保乌羊麻地区是一个典型的苗族聚居地，民族文化风情多姿多彩。村民平时喜吹芦笙、唱苗歌、跳板凳舞。苗衣制作、苗族刺绣、酸辣（汤）肉食制作、灰制魔芋豆腐、麦芽糖制作等技艺保存完整。

翁保乌羊麻地区苗族语言属汉藏语系苗瑶语族苗语支，操北部次方言的北部土语。虽全寨人都会讲汉语，但苗语仍为乌羊麻90%以上群众之间的主要交流语言，仍然是传承传统文化的主要载体。

图1-16　乌羊麻苗寨

活动：亲子活动

小朋友们，让我们先在地图中找到这个地方，然后再带着爸爸妈妈，一起去感受一下那里的风土人情吧！

4. 体育项目有很多

（1）高脚隔螺（陀螺）。利用老油茶树、梓木、鸡血榔等坚实细密的木材砍制而成，脚与螺身等高，利用构皮树皮搓绳作为打螺鞭，玩法有比赛转动时间、比赛打螺花样、砸转螺等。

（2）赛马。翁保地区以前靠马作为运送物资的载具，群众好赛马。赛马方式有赛速度和花样赛马（地方叫赛小走马，比赛马匹的步伐花样）。

（3）武术。翁保一带群众好练苗族武术，武术表演是每年春节聚会的主要表演内容。

活动：了解少数民族运动会

小朋友们，你们知道我们少数民族也是有属于自己的运动会吗？拿起手机搜一搜“少数民族传统体育运动会”吧。

5. 卡乌嘎闹苗寨

小朋友们，现在我们来到了卡乌嘎闹苗寨，它位于麻江县境清水江与丹寨县南皋河交汇处，隶属麻江县宣威镇，位于镇人民政府所在地东北部。卡乌是一个面水而居的原始苗寨，这里有原生的民族风俗，有天然的清水江龙舟赛道，有鬼斧神工的金流溶洞，有奇竣天险的清水江一线天，是一块乡村旅游的处女地，是一个猎险探奇的新天地。

（1）嘎闹苗族歌舞风情浓郁，保存较完整。男女老幼大多能歌善舞，逢年过节开展铜鼓祭祀、吹芦笙、唱苗歌、跳鼓舞、跳芦笙舞、跳板凳舞、斗牛、赛龙舟、斗鸟等传统活动。每年农历二月开始举行一年一度的祭鼓节，凯里、黄平、雷山、台江、丹寨等周边县市苗族同胞纷纷着盛装赶来与县内各族群众共同活动，规模达万人以上，热闹非凡。

（2）苗族铜鼓文化的重要活态传承地。麻江型铜鼓是当今世上唯一在使用的世界八大铜鼓类型之一，卡乌现存有明朝皇家鼓库赠送的铜鼓一面。祭鼓仪式古老庄重，祭鼓仪轨保存完整，踩鼓跳鼓规模、场面宏大。

（3）龙舟、苗族武术、抱腰等苗族传统体育活态传承好。风靡全国龙舟赛场的麻江县龙舟队中的卡乌队员们一度作为队伍的中坚力量。民间习武成风，20世纪80年代成立的贵州省民族武术学校曾吸引省外学员前来学武。

第二单元

体验瑶俗

大家好，我是州州，一个地地道道的瑶族小女孩。我的家乡在麻江县，县内瑶族有“天家”“天苗”“扰家”“绕”等称谓，自称“育”，主要聚居在境内的龙山乡河坝村。瑶族在历史上与外界往来较少，民风古朴，因而保留有较为独特的民族习俗。多项传统技艺和民俗被列为非物质文化遗产名录，我们从麻江瑶族的非物质文化遗产出发，去了解这个神秘的民族吧！

一、瑶族的非物质文化遗产

1. 画在布上的青花瓷

2008年，麻江县枫香印染制作技艺被列入国家级传统技艺类非物质文化遗产目录。

枫香染采用老枫香树脂加入适量牛油，用文火煎熬后过滤而成的枫香油制作封蜡，用竹签蘸溶解的枫香混合油在自织的白布上描绘图案，再用蓝靛浸染，染色完毕后用沸水脱去油脂，再用清水漂洗、晾

图2-1 枫香印染图案

干、碾平。枫香染没有蜡的裂纹，做出来的图案精致清晰。瑶族枫香染作品多以花、草、鸟、鱼等为主，间以几何纹、雷纹、云纹、锯齿纹等，风格粗中有细，布局饱满而不杂，多采用变形、夸张手法，图案生动，变化多样。

由于枫香染的颜色和花纹古朴雅致，被誉为画在布上的青花瓷。

古老的织染艺术

瑶族枫香染世代传承，距今已有400多年的历史，是麻江瑶族的独特手艺。他们自纺、自织、自染的土布服饰仍保留着清朝之前的风格。枫香染工艺流程复杂讲究，图案夸张精美，其制品主要用于服装、背带、被面、头巾等，充分体现了瑶族人民的艺术审美观和高超的工艺水平，记录着瑶族民族服饰的历史，折射出瑶族深厚的文化内涵。枫香染中纹样里有很多“绕家花”，据说因为瑶族人在迁徙的苦难过程中，多以吃这种野菜根充饥，所以很多服饰上都有这样的图案。一种图案有什么历史渊源，为什么要使用这种图案，都与该民族的历史变迁息息相关。

图2-2　瑶族枫香染金鱼纹花鸟纹头帕

图2-3　枫香染背带

备料	→	绘图、点花	→	染布	→	漂洗、晾干、碾平

图2-4　制作工序

图2-5　自织纯棉布

图2-6　瑶族妇女在点花

图2-7　瑶族妇女将点好花的头巾染色

图2-8　点花的布染色后再将枫油洗掉

染歌谣唱起来

麻江瑶族有语言但无文字，枫香染技艺仅靠口传心授，在河坝瑶族妇女所传唱的蜡染歌谣中，记载着枫香染手工技艺，我们来唱一唱吧！

“兄弟姐妹情深深，缺少什么互相帮，五月完了到六月，七月太阳当头照，在家闲着没事做，邀请姐妹上山坡，一同来到林深处，看到枫树上有油，爬到上面用刀割，随手放进竹篓里，不知不觉装满篓，回头看看那天边，太阳已挂山头上，起身吆喝回家咯，回到家中放竹篓，扯来土布一尺六，找来一个半边锅，装满热灰后放好，枫油放在土碗里，土碗放在锅中间，拿来牛油一起合，两根稻草中间隔，找来竹片放在手，用刀细心削成笔，一边火来一边削，准备用来点鸟雀，点一笔大一笔小，点了两个整晚上，点成头巾一尺六，拿来染水认真染，染成放入闹深处，等到乡里芦笙场，妹才穿给哥来看，小鸟小雀各分开，小鸟站在枝头上，看似开口来唱歌，人人看到都羡慕，夸俺乡里第一个。”

图2-9 瑶族妇女边唱边染

活动：做一做

通过州州的介绍，相信小朋友们已经是小小“瑶族通”了，请你根据你了解的瑶族枫香染做一做手抄报吧！

2. 隔冬祭祀老人

2007年，麻江瑶族隔冬被列入贵州省第二批省级民俗类非物质文化遗产名录。

“瑶族隔冬”为麻江县河坝地区瑶族同胞祭祀三年内去世的老人的一种传统仪式，时间定在每年第十一个月的第一个虎场天。在近三年内，谁家曾有老人去世，就要在“过冬”之前举行“隔冬”仪式，祭祀去世的老人，旨在传承敬老的品德，先给老人隔冬，自己再过节，没有祖辈就没有他们的今天。“隔”乃阴阳相隔之意，瑶人自称“隔冬”为“哈策”。

图2-10　瑶族妇女

瑶族隔冬特点

据《都匀志》记载，瑶族曾有“居丧不哭、不奠、不戴孝”的习俗，是历史原因使之形成了“薄葬后祭”的特点，所以隔冬是瑶族人最隆重的葬后仪式。隔冬基本上以“房”进行，如这一“房”三年内有多位老人去世，就要在不同的日子为多位老人隔冬，每天只能祭一位老人。在老人去世后的三年内，每年要为去世老人进行隔冬一次，形式和内容基本一样，但第三年最为隆重。

隔冬要做些什么?

隔冬这一天，亲朋好友寨邻、全家族都要到场，就像平常办酒席一样，主人要宴请三天。前来参加的人不能送现金，只能送鸡（去世老人是男性的送公鸡，是女性的送母鸡）、酒、糯米饭、肉、香纸、烛等物。主要活动有祭仪式、扫墓、杀猪、打糍粑、开田捉鱼等。隔冬时用糍粑做桃祭祖，祭祖敬菜时不用筷子而用手抓，用菜叶盛食物。

主持人保卦公

隔冬仪式由保卦公主持，主持隔冬仪式的保卦公为某寨某大姓家庭中德高望重、记性好、口才好的男性长者，负责本寨所有的祭祀活动，终身制。每寨1～2人，往往由上一代保卦公教授几个徒弟，待年老的保卦公身体不行了，再由大家从这几个徒弟中择优选举产生。

图2-11　隔冬办酒只送鸡

活动：感受瑶族祖先的艰辛

瑶族在迁徙途中，留下许多传说，并用歌声唱出了途中的苦楚，读一读古籍瑶族民歌，感受一下瑶族祖先迁徙途中的艰辛吧！

山过山，一山更比一山难；铜条拐杖也拄断，铁线草鞋也磨穿。血泪落在草叶上，大旱三年晒不干；过山瑶啊过山瑶，山路几时走得完？

——苏胜兴等编《瑶族民歌选》

3. 瑶族人的花衣

2007年，麻江瑶族服饰被公布为省级传统技艺类非物质文化遗产名录。

传统麻江瑶族服饰所用布料为棉线纺织，刺绣用线为蚕丝线，鞋底制作用麻线，衣服用棉线缝制。过去材料主要是种棉养蚕而获得，用纺车纺棉线，用手搓捻麻线，用木制织布机织布，用蓝靛作染料。现在绝大部分靠市面上购买棉线、丝绸线。

美丽素雅的瑶族服饰

瑶族服饰从性别上分为男装、女装，从年龄上分为成人装、童装。麻江瑶族女子服饰分盛装和便装。瑶族男子衣服为青布衣或蓝布衣，单领长衫、大裆裤，头上包青布或蓝布包头帕。另外河坝瑶族的绣花鞋与普通的绣花鞋不同，它的鞋尖往上翘。

图2-12　青布平绣寿纹花鸟纹男童装

图2-13　绣花鞋

枫香染和刺绣是河坝瑶族的传统手工技艺，是妇女服饰最重要的制作材料和必需的装饰。河坝瑶族妇女善于刺绣，在衣襟、袖口、裤脚镶边处都绣有精美的图案花纹。

瑶族服饰相较其他民族服饰，色彩并不鲜艳，主要是用黯淡的色调来显现拙朴、凝重，蕴含瑶家人内敛的审美取向，体现瑶家人在宁静中追寻生命意义和心灵源泉的精神诉求，折射出瑶族独具特色的文化韵味。

图2-14　瑶族妇女便装

图2-15　瑶族妇女盛装

最具特色的女盛装

瑶族服饰中最具特色的是女盛装（瑶语为“相育”，意即“绕家人”的衣服），亦称“花衣”，盛大节日和结婚时，瑶族女子就会身着女盛装，展示自己最美的一面。河坝瑶族盛装包括头饰、花衣、裤装、脚装、颈饰和手饰等。全套6件，全套新衣内长外短，穿时衣褊成梯状，仿佛身着半截花衣。妇女盛装时在后脑勺处挽一个发髻，发髻上插上银瓢、银链、银花，有的则包枫香染平头帕。

图2-16　包枫香染头帕的妇女

图2-17　佩戴头饰颈饰的妇女

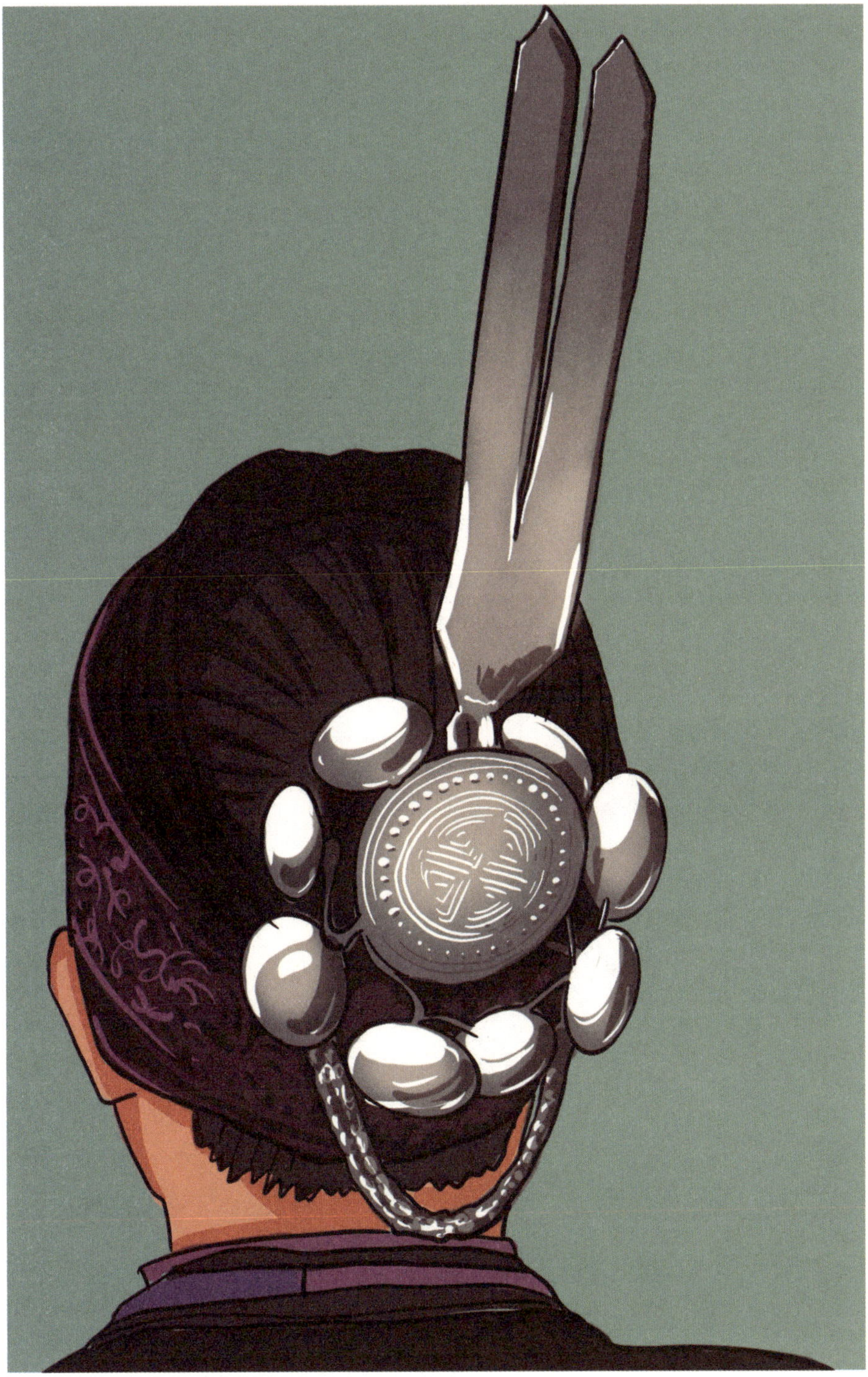

图2-18
瑶族妇女头饰

女盛装的特点

布料裁剪和印染方法独特，工艺复杂，制作周期长，不仅做工精细，构图优美，而且整体结构严谨，穿戴别具一格。盛装为左衽、无领、长过膝花衣，全套六件，从里到外，一件比一件短，恰好露出每一件衣脚和袖口刺绣花纹。六件为一次裁剪。全套分为两层，里三件为一层，外三件为一层。穿单层时，少女穿外三件，已婚妇女穿内三件。

图2-19　女盛装

图2-20　绕家花

瑶族服饰很珍贵

历史上，瑶族人因为多次遭受封建统治者的驱赶和残酷镇压，被逼辗转迁徙。在迁徙中风餐露宿，食不果腹。为了活命，只能一路上吃野菜，捉鱼虫充饥。为了铭记花草鱼虫的救命之恩，感谢花草鱼虫给瑶族人民活的希望，瑶族妇女们把花草鱼虫绣在衣饰上，以此铭记瑶族人经历的艰苦岁月，铭记自然给予的救命之恩。瑶族服饰完整保留了瑶族的许多传统文化特征，承载了瑶族许多历史文化信息，体现了古代的图腾崇拜，具有不可替代的研究价值。

活动：画一画

用你五彩的画笔画一个美丽的麻江瑶族女孩吧！

4. 不一样的婚俗

2009年，麻江瑶族婚俗被公布为省级民俗类非物质文化遗产名录。

如果你有机会到河坝，问一问四十岁以上的人：“你是哪天结婚的？”相信大部分人会回答：“大年初二。”每年正月初二，是河坝瑶族青年男女的结婚日期，其婚俗节俭而浪漫。

摇马郎

瑶族青年结成亲眷，是经过“摇马郎”互相认识了解后，再由男方请媒人到女方家求亲。瑶族人很勤劳，白天忙于生产劳动，没有时间去交往谈心，瑶族青年男女的交往活动都是在晚上。

图2-21　瑶族青年

图2-22　染成喜庆红色的糯米饭

媒人说亲

瑶族青年男女举行订婚仪式时，由男方请一媒人，抬3～4斤猪肉、1壶酒、6斤糯米饭，拿人民币600～800元到女方家落实婚事就算完成。

接新娘

举行婚礼时，女家不请酒，不送嫁妆，男方也不再给女方娶亲礼物。在正月初一的下半夜，由男家请一妇女、两个男青年，提着两盏马灯，抬一块三四斤重的猪肉、一篮糯米饭和一壶白酒，到女方家煮宵夜吃，然后将新娘接回家。男方婚礼较节俭，婚宴食品均由房族各户自己出，但须历时四天。

图2-23　送亲的舅爷客

送亲客

送亲客也称舅爷或姨妈客。于初二清晨出门赶到男家吃早饭。是由女方家族同支的八个男青年和两个女青年组成。男方的男女青年在寨子路口迎接送亲客。一些大胆、调皮的姑娘故意在送亲客必经路上铺上稀泥，让送亲客从稀泥上走过而取笑。

新娘抬水

初三下午时，等到客人吃罢饭，男方由接亲娘带抬着水桶的新娘到水井抬水。到水井后，接亲娘往每个水桶里各舀两瓢水，由新娘抬回男家。

奇怪的分居

瑶族青年男女婚后短期内，新娘不在婆家住。农忙季节，由男方的亲妹妹或母亲去接回新娘参加生产劳动；头几次是清晨接来，下午又回家，经过数次后新娘才慢慢安下心来住婆家。

舅爷歌唱起来

2017年，瑶族舅爷歌被公布为黔东南州州级民间文学类非物质文化遗产名录。

“舅爷客”是河坝瑶族婚礼的传统习俗，舅爷到达新郎家，就一直坐在堂屋吃酒，不能散席。席间，舅爷们用绕家话，唱古老的舅爷客歌，当地话叫“ai bong”。

舅爷歌的内容十分丰富，它是舅爷客代表新娘家族与新郎家族之间交流、表达情感的主要形式。大体分为“娘生歌”“谢客歌”“板凳歌”等。歌词内容回忆新娘从出生、成长到结婚的一系列过往，感谢新娘父母的养育，感谢新郎娶了新娘。

婚礼期间，新郎家族的老人要来主持祭祖，祭祖后，要唱谢客歌。酒足饭饱，夜幕降临，主人家的妇女端上血肠，同时关闭大门。此时，舅爷客立即开始唱歌，意为感谢主人家的招待。最后，歌唱好了，大门打开，舅爷客才能离开。

二、过瑶节　吃美食

1. 盛大瑶年

“河坝瑶年”又叫“绕家过冬节”，定在每年第十一个月的第一个虎场天，是瑶寨最隆重的节日。这一天，各寨要杀牛祭酒，祭祀祖先，打保寨，祈求神灵和祖先保佑，并举行斗牛、斗鸟、跳芦笙等活动，整个瑶寨喜气洋洋。

图2-24　热闹的瑶年

2. 热闹吃新节

瑶族吃新节以农历七月“午（马）”日或八月第一个“寅（虎）”日为吃新节（若七月糯谷成熟，则为“午”日，未成熟则延至八月第一个“寅”日）。节日当天，各家用当年新出的“田埂米”“早熟香”糯米蒸成糯米饭，用当年新黄豆磨成豆腐，杀鸡宰鹅，邀请亲戚朋友共度佳节，喝自家酿制的糯米酒，主客尽情享用。酒后要唱歌、划拳，尽兴方休。

3. 活力春社节

瑶族的社日又称青年节，是在春分前后的二月间，相邻村寨的青年相互酌定。届时青年男女盛装出游，在山坡上垒灶架锅，将带来的猪肉大米煮成稀饭，共同围坐野餐。饭后，对歌游乐，直到月牙当空方归。

4. 饮食习俗

瑶族主食大米，食用猪、牛、羊、鸡、鸭、鱼等肉食。平素喜吃酸辣味，尤以酸糟味为主，用以煮菜味鲜不馊。男女成年人喜饮酒，逢年节，家家户户都自酿米酒、苞谷酒、红薯酒。“吃平伙”较为平常，冬后尤甚。

河坝瑶族对糯米糍粑情有独钟，糯米糍粑是春节的必制佳品，有“大年三十舂粑粑、正月十五舂粑粑”的说法（据说吃了粑粑夏天蚊子不咬）。四月八吃黑饭（用植物黑染料把糯米染泡黑了再蒸熟），五月端午吃粽子，吃新节吃坎边稻（糯稻的一种，味道比糯稻更香）。另外，订婚结婚仪式上，糯米饭必不可少。在祭祀活动中，糍粑要捏成桃状，粘在一根桃树枝上，挂在堂屋左边壁上。

图2-25　瑶年舂糍粑

图2-26　四月八吃黑饭

活动：查一查

你知道为什么麻江河坝瑶族最隆重的节日要定在每年第十一个月的第一个虎场天吗？去网上查一查，了解更多麻江瑶族的文化吧！

三、自然古朴的村寨

1. 古朴的河坝瑶寨

贵州有句民谚说："布依住水边，水苗在中间，瑶族在山岭。"麻江瑶族主要聚居在龙山乡河坝村，河坝地区共有木房700余幢，其中100年以上的有300多幢，年代最久远的已达400余年。

瑶寨依山傍水而居，吊脚楼依山而建，错落有致，河坝河从寨脚流过，清澈见底，鱼儿撒欢；四周古枫树、古银杏、古松、古柏等苍郁参天。清晨，山寨薄雾缭绕，鸡鸣犬吠；傍晚，炊烟袅袅，归鸟啼鸣。闲时，瑶族妇女三三两两聚在一起点花刺绣，呈现出一派宁静祥和的景象。

图2-27　劳动中的瑶族妇女

2. 一姓一个村寨

河坝村下辖30个自然村寨，每一个村寨都是一个较为典型的干栏式建筑群，居住格局较为简单，基本上是一姓一个村寨，如岩脚寨和平寨为龙姓、白岩寨为杨姓，团坡寨为曹姓。

3. 吊脚楼特点

河坝吊脚楼不油不漆，无矫无饰，一切顺其本色，自然天成，朴实无华。房式一般为木结构三开间楼房，一楼一般圈养牲口和堆放杂物；二楼中间为上堂层，顶铺楼板，前装栏杆，可用来乘凉。

图2-28　古朴的河坝瑶寨

（a）

（b）

（c）

图2-29　村寨的房屋结构

活动：走一走

你知道贵州省民族博物馆吗？贵州省民族博物馆主要收藏反映各民族历史和文化的传统服饰、银饰、面具、刺绣、农民画、乐器、摄影作品以及反映各民族政治、经济、文化民俗的影（音）像资料。有机会去看一看，深入了解干栏式建筑吧。

干栏式建筑

干栏式建筑源于古代人的“巢居”，这种木楼底层全部以木柱架空，不住人，为堆放农具杂物、饲养禽畜或置放农具之所。二层以上才是人们的起居之地。楼里设有走廊、堂屋、火塘间、卧室、贮藏室等，干栏房炊事活动多在火塘间进行。贵州苗、侗、水等民族多采用这样的建筑方式建房，有利于防潮、排水、防兽。

四、动听的歌谣口耳相传

有语言无文字

麻江河坝瑶族自称“育”，又称“阿夭”“夭家”，史称“夭家”“夭苗”“绕家”。境内瑶族说“绕家话”，其语言属瑶族方言。绕家人有自己的语言，无文字，语言系统有声母35个、韵母29个，其中有7个单元音，28个复合元素。村里各种民俗民风、手工技艺等都是通过口耳相传、歌谣的形式进行传承。

活动：学一学

一起来学学麻江瑶族绕家话。请你试着拼一拼，读一读吧。

绕家花，绕家话发音为“o ou nie”和“o mei ban”。

瑶族绣花鞋，绕家话发音为“hai qiao mie”。

图2-30　正在唱歌的瑶族人

瑶族古歌“呃嘣”

“呃嘣”是瑶族世代相传的民谣，是瑶族人在婚、嫁、造屋喜庆时唱的一种原生态、无伴奏、一人领唱、众人和音的演唱形式。“呃嘣”唱腔独特，继承了古老的传统，由老年男性一领众和。其演唱浑厚、深沉，苍劲而富于活力，旋律古朴，节奏富于动感。有人类起源的创世歌，表现劳动生活的狩猎歌和农事季节歌，爱情歌，祭祀用的乐神歌，等等。

瑶族古歌歌句长短不一，每句6字，多运用比喻、夸张、对比等手法。

瑶族古歌分为两类，内容一样，但唱法不同。一种是结婚时舅爷客在男方家的堂屋唱的，就像唱歌一样，语调拉长，声音悠扬。另一类是像客家人唱山歌一样的，男女青年对歌或喝酒时演唱。

瑶族歌谣新编

男生唱：
我们用歌来唱，
河坝瑶族风光。
山清水秀模样，
空气清新多氧。
山寨吊楼成行，
吊楼特色无双。
街上砖房变靓，
那是瑶族新装。
新建斗牛场上，
每年斗牛两场。
届时精彩声响，
欢乐响彻天堂。

女生唱：
咱用瑶族歌声，
歌唱瑶族风情。
风情独特成景，
渗透瑶族人文。
姑娘刺绣很精，
色彩斑斓血成。
炭火枫脂化精，
布巾纤手成纹。
且看芦笙贴唇，
悠悠舞步跟行。
瑶歌意境更深，
至今代代传承。

男女合唱：
河坝独特风情，
千言万语难尽。
请客河坝旅行，
瑶乡盛情待您。
门酒招待如亲，
三杯下肚长劲。
瑶族腊酒虽浑，
满蕴瑶族乡情。
请客河坝亲行，
瑶乡备酒等您。

活动：唱一唱，写一写

传说瑶歌很美，瑶族年轻男女晚上恋爱对歌时，神仙听了都下凡来，落脚在山顶上听，久久舍不得离去。天亮了，神仙上天晚了，急了，化作了石头。你想唱一唱美丽的瑶族古歌吗？大声唱出来吧！你能继续往下写吗？试一试吧！

七月烈火炎炎，
阿妹洗衣河边，
一阵凉风袭来，
阿妹裙摆翩翩。

第三单元

做客畲寨

“嗨！小朋友们好！我是善良、美丽的欢欢。欢迎大家来到我的家乡做客！”

“嘎孟”，一个好听的名字！被汉族称为“东家人”的，就是咱们贵州的畲族。贵州省现有畲族人口近5万人，主要分布在贵州省黔东南州的凯里市、麻江县和黔南州的都匀市、福泉市，其中黔东南州麻江县村寨畲族人口最多，约3.5万人。

现在就跟随欢欢走进麻江县神秘的民族——畲族，领略不一样的风土人情！

图3-1　粑槽舞

一、畲族的非物质文化遗产

1.　“粑槽舞”

一个很贴近生活的舞蹈，却饱含着畲族人民的愤恨、怀念、祈祷……

不一般的起源

400多年前，因朝廷担心骁勇善战、受民众爱戴的贵州畲族领袖“代赖”（音译）造反，便设计将他诱杀。消息传到畲族村寨，引起畲族民众的愤恨，在代赖的葬礼上，畲族民族将粑槽反扣于地，用长木棍冲击粑槽底部（意为：冲击朝廷），发出铿锵有力的节奏，以此来纪念英雄，表达自己愤怒的情绪。从此“冲粑槽”活动，便在畲族中延续下来。

有趣的舞蹈一起跳

“粑槽舞”是以木鼓或者铜鼓作为伴奏乐器，在木鼓的引领和指挥下进行，铜鼓只做协奏，木鼓与铜鼓各有一套固定的鼓点。两名男性年长者各自击木鼓、铜鼓；四名男性青壮年“冲粑槽”，在木鼓的指挥下进行，击打木鼓有固定节拍，击鼓面时，跳舞者用木棍冲击粑槽底部；击鼓身时，跳舞者用木棍击打自己左右侧跳舞者的舂杵。

整个舞蹈分为上下各12小节，在每一节结束时，要按其节次绕粑槽转圈，同时以木棍相击。在“冲粑槽”的舞者四周，有数名男子围着粑槽，踩着整齐有力的舞步，紧握双拳由上至下甩打。

图3–2　畲族男子跳粑槽舞

图3-3　粑槽和木棍

精神图腾

“粑槽舞”是贵州畲族的精神图腾，不仅表现畲族先祖艰辛的迁徙过程，象征畲族同胞的勤劳，还体现了畲族同胞不忘历史、自强不息、团结向上、热爱生活的精神面貌哦！

什么时候跳

畲族村寨中有老人（在当地畲族村寨中，凡年龄达36岁以上的人都可算是老人）去世，举行丧葬祭祀，或者重要的传统民俗节日比如“四月八”时，畲族人就会自发地进行“冲粑槽”。

2. “美丽的凤凰装”

“凤凰装”是麻江县境内畲族人民穿着的一种服饰，以在服饰上饰以许多凤凰图案而得名。

神秘的保护神

畲族《开路经》中记述：“开天辟地之后，龙、虎、雷公等为争夺天下，展开激战：龙发大水淹没低处、雷击电闪，引燃大火焚烧陆地山冈，风狂火猛，水势汹涌，百物逃无所逃，遁无所遁，霎时陷入毁灭绝境。正当危急时刻，凤凰鸟长声高叫，振翅冲天，突出了火的重围，然后迫使龙潜于渊，雷藏于天，才又召回百物，重新开始了幸福祥和的生活。”

凤凰是百鸟之王，是畲族人的保护神，对畲族有再生之德、翼护之恩。畲族同胞认为凤凰是吉祥物，是畲族人乃至万物的救星。

图3-4　独具特色的畲族服饰

图3-5　凤凰装

原生态的材料

凤凰装所用布料是畲族妇女自制的传统棉线纺织；插花和挑花所用材料为传统手工蚕丝线；鞋底用传统麻线纳钉；衣服用手工棉线缝制；用纺车纺棉线，用手捻麻线；用木制织布机织布；用蓝靛作染料，根据需要，有先染线后织布的，有先织布后染色的。

讲究的穿法

凤凰装从性别上分为男装、女装。男装简朴，女装精致。按年龄分为成人装、童装。按场合分为盛装和便装。其中，女盛装按年龄分为小凤凰装（少女装）、大凤凰装（嫁衣）、老凤凰装。大凤凰装穿戴讲究，既是嫁衣，又是寿衣，但出嫁时穿双不穿单，（即二、四、六、八件），重新制作的嫁衣穿单不穿双（即一、三、五、七、九件）便是寿衣。平时出行、盛会、节日则不限件数。项圈以一、三、五、七、九个各为一套，内小外大，不能戴双数。

图3-6　正在刺绣的畲族妇女

图3-7　凤凰装的花纹

美丽的花纹

凤凰装分为：上衣、下装、头饰、银饰。上衣又称“花袖衣”，无领、右衽，衣长过臂，袖长约8寸（1寸约为3.33厘米），由蜡染和刺绣两段组成。蜡染段为白底蓝花，花纹分上、中、下三部分，上下两边多为“寿”字纹、梅花纹，呈对称分布；中部为花纹主体，多以牡丹、月季为图案。刺绣段以红底为主，配以蓝、绿、紫、黄、棕五色丝线绣制的花鸟。衣料质地为藏青色家织布。每件衣服的下摆和衣角均有红、白色刺绣花边装饰。下装为大裤脚的大裆裤，藏青色，裤长及脚，裤脚大一尺二寸，并镶有一道宽约二寸长、彩色挑花纹样的花边。小腿裹白底蜡染绑腿，脚穿绣花船形翘鼻鞋。

银装扮的头饰

已婚妇女盘头发于脑后，插上银簪，未婚女子梳甩独辫子于脑后，用丝绸线捆扎两端，均盖白底蓝花的蜡染头帕，头帕长六尺，宽一尺，两端镶红、绿两道花边，垂红缨须，头帕正中约尺许贯以绿色珠子，以头帕正中位置盖于头顶。畲族妇女较为看重头饰装扮，整个头饰有十多种造型。而头饰上的银饰品造型多达几十种。畲族银饰品主要有大银花、小银花、银耳坠、银项链、银手镯、银戒指等。颈上挂一月亮形银牌于胸前；挂链与银牌间各有一个银蝶，银牌上是半凸凤凰图案。

图3-8　新娘头饰

领略了畲族的非遗文化，紧跟欢欢的步伐去欢度畲族的重大节日吧！

二、畲族的节日

1. 春节

从农历十二月二十四日的“祭灶”“送神”起，畲族就开始过新年了。

“吃隔岁”

祭灶神后，就准备除夕的“年夜饭”，合家“围炉”。届时家家蒸制“黄金糍 ”吃，“黄金糍”是畲族过新年的特色之一。畲乡流传“糯米做糍圆又圆，香麻拦糍甜粘粘”的顺口溜，表示畲族人幸福团圆和来年日子更甜美的意愿。

除夕夜全家聚餐（即吃“年夜饭”），是畲族人最欢乐的时刻，他们一边尽情地享受美味佳肴，一边期盼来年日子过得越来越好。

“隔年猪（楮）”

“围炉”后，主妇选一根直径七八厘米粗的楮楮木放在灶膛里燃烧，烧至一定火候以灰烬掩埋，使之不熄灭，作为正月初一的火种，俗称“隔年猪（楮）”或“留隔年火种”。

“摇竹娘”

初一清晨，鸡鸣第一声，各个畲村不约而同打开厅门，燃放大炮（即双响纸炮），人们走村串寨，平辈互相道贺新年大吉，晚辈向长辈拜年。儿童三五成群到竹村里“摇竹娘”，边摇边唱道：“摇竹娘，摇竹娘，你长我也长，旧年是你长，新年让我长，明年你我一样长。”以示像毛竹一样茁壮成年。活动一直持续至元宵节，欢度新春佳节才告结束。

2. 乌饭节

农历的三月初三是畲族人民的“乌饭节”，这可是畲族人民纪念本民族英雄同反动统治阶级斗争取得胜利的节日。

图3-9　乌米饭

美丽的传说

相传，在唐高宗总章年间（668—670），畲族英雄雷万兴领导畲族人起义，被官军围困在大山里，粮断援绝，处境十分艰难，眼看有全军覆灭的危险。时值隆冬季节，天寒地冻，山里各种植物都已脱叶落果，唯有一种叫乌稔的野生植物，枝条上还挂有串串的甜果。畲军采集回营，雷万兴尝了尝觉得香甜可口，便传令全军四处采集，军粮解决了，雷万兴便于三月初三日杀出重围，化解了被围困的危机。

又是一年的三月初三日，雷万兴想吃当年的乌稔果，让畲军入山采摘，可是这时乌稔刚吐芽抽叶，士兵只采回叶子，加入糯米蒸制，饭呈蓝黑色，同样香喷可口。后来畲族人为分享雷万兴胜利的喜悦，每年三月初三日出门“踏青”，采集乌稔叶，蒸制乌米饭，世代相沿，衍成风俗。

盛大的庆祝

如今，各地畲族人为纪念本族英雄雷万兴，每年“三月三”都要蒸制乌米饭，合家共餐，馈赠亲友。举办舞会，集体对歌，欢度节日。

3. “四月八”

“四月八”也就是农历的四月初八。这天对于麻江及周边县市畲族同胞而言可不是普通的一天，因为这天是畲族同胞的“岁首节”，也是畲族同胞的“牛王节”“米王节”“药王节”和祭祀本民族英雄的节日。

神奇的传说

相传，开天辟地时，因为天上的玉皇大帝规定，人们每天只能吃一餐饭，人们经常饿肚子，生活不下去。于是贵州畲族开天辟地的英雄报洽然洽上天去禀告玉帝说明人间的苦情。玉帝知道后，立即派身边的牛王随报洽然洽到人间了解情况。牛王来到人间后，他看到人们一天只吃一餐饭，确实吃不饱。在人们的请求下，心软的牛王就私自答应了人们的请求。从此，人们便开始一日三餐了。但是这样，人间的粮食更加不够吃了。人们又把情况反映给玉帝，玉帝很生气，就罚牛王下到人间去替人拉犁，扩大种植，解决人们吃饭的问题。牛王下到人间这一天，正好是农历的四月初八。 在牛王的帮助下，贵州畲族人的庄稼长得越来越好。有一年，畲族人田里的秧苗长得特别好，人们就想，这一定是牛王的功劳，我们不能忘记牛的功劳啊！人劳动累了都会休息，牛一年到头为人们耕地，也要放假休息一天啊！于是人们就把农历四月初八牛王下凡到人间来的日子当成牛王的生日来纪念。

严格的规定

“四月八”这天是牛王的生日，畲族同胞要给牛王祝寿，给牛“打替身”“喊牛魂”。这一天要“忌牛脚”，要给牛放假一天，不准使用耕牛。

要求人们早早拉牛出去吃露水草，要煮苞谷、米糠喂牛，要打巴茅草喂牛，不准用棍棒打牛，更不准用石头砸牛，不能用脏话骂牛。

盛大的活动

畲族男女老少都穿上民族服装，带上七彩花糯米饭，从四面八方聚集到麻江县隆昌村，唱起悠长的畲族山歌，跳起粑槽舞，欢度节日。

节日里还要举行吹芦笙、赛马、跳舞、斗鸟、打陀螺、摔跤等活动。在节日盛会这一天，人们聚到一起，交流生产经验；男女青年在节日里相会，对山歌，说情话，结成美好姻缘。

图3-10　畲族群众欢度节日

“四月八”丰富多彩的活动已成为畲族群众传承民族文化的重要形式。

图3-11 丰富多彩的节庆活动

节日的热闹少不了美食的品尝！欢欢带您尝美食了！

三、畲族的美食

1. 乌米饭

每年农历三月三，畲族同胞一定要食用乌米饭。

复杂的制作流程

首先，是用山上的一种野生植物乌稔树（杜鹃科，乌饭树）的叶子，放到石臼舂碎后，贮到布袋里；

其次，连袋放到铁镬里，加适量的水熬汤，让它释出紫黑色的汤汁来，而后去掉袋里叶渣；

图3-12　乌米饭

最后，将精选的糯米泡进汤汁里，几小时后，捞起放到木甑里蒸熟即成。

美好的象征

乌米饭色泽乌黑发蓝，香软可口。由于乌稔能起开脾、防腐作用。故将乌米饭放在通风阴凉处，数日不腐。食用乌米饭有准备春耕、迎接丰收的象征意义。

乌米饭很出名，但是做起来还挺复杂的，所以平时大家也不会专门去做，在三月三这个特殊的节日里才会去制作。因此，大家记得三月三到了麻江县的畲族村落一定要品尝哟！

2. 畲粑

畲粑，即畲族糍粑，是畲族男女老少皆宜的一种特色小吃。

好兆头

畲族过年、做“七月半”和冬节都要制糍，寓意为时（糍）来运转，生活年年（黏黏）甜。

制作方法

首先，将浸泡一天后的糯米滤干水，放到木甑里蒸熟；然后，将糯米饭倒入石臼捣烂，这可是力气活，需要力气大的年轻人来操作；最后，将捣烂的糯米饭捏成小团或饼状食用。这可是技术活，一般由年纪较大的有经验的妇人们制作。

香甜的回味

热乎乎的白色糍粑，裹上由白糖、红糖粉、花生碎混合均匀的蘸料，食欲立刻被激起。将其咬在口里，又软又黏，米香夹着甜味，让你吃完一口还想接着下一口。

图3-13 制作畲粑

品尝了畲族的美食，感受了畲族节日的热闹，现在就到欢欢的畲族村落去歇歇脚吧！

四、畲族的建筑

畲族由于深居山区，交通不便，建筑材料只能就地取材，用黄土做砖砌墙，茅草为屋顶，这样也大大地节省了费用。因为这样的房子承受不了大风的压力，所以房子盖得很低。

1. 祠堂

大凡畲族村创村之时都会集中建一座房子，这座最早建设的房子就是他们的“祖厝”。早期一般畲村议事、祭祀等族内活动都在“祖厝”的公厅内举行。“祖厝”是创村的第一批建筑物，虽然年代久远，陈旧不堪，但其具有特殊的历史意义和宗族的权威性。此类建筑物与民居毗邻，建筑风格也与民居相类似，但规模较民居要大。到了一段时间之后，生活稳定了，生活水平也有所提高，且人口发展到一定规模，这时祖厝的规模可能与各种活动的开展不相适应。在这种情况下，村中畲族同胞会建设更大规模的祠堂。

2. 茅寮

山区畲族同胞传统建筑是茅寮，也称为“畲寮”。

茅寮分为山棚与泥间两种。

山棚，顾名思义就是山上的篷棚。通常以三五根带枝丫的树枝或树干作为支柱，上面架上横条作为棚的主体架构，顶部成金字状，中间高而两边低，上面再用茅草或树皮覆盖以避风雨。

图3-14　茅寮

泥间，也称“土寮”，通常用小竹或芦苇秆编成篱笆状，拐角处用木头固定，然后涂上泥巴，做成“墙”。上面以三根木头横架，中间高而两边低，同样用小竹等编成篱笆状物铺在上面，盖上茅草或树皮，再用藤条将其固定而成。山棚通常建在靠近劳动的田边或山地旁边，作为劳动中间的休息场所，或临时过夜的住所。而“土寮”通常建在村中，为畲族同胞的普通民居。

3. 瓦厝

瓦厝也称为“瓦寮”，顾名思义就是上面用瓦片覆盖的房子。

“瓦寮”的建筑通常是用泥巴夯实成墙。泥巴是用黄泥土浸漂，再借用牛力在泥上多次反复踩踏，以增加土的黏性，然后加入稻草制成土砖，由于有稻草的牵引，土砖的硬度更高。将土砖按一定格式堆叠起来就成了墙。墙上面横架杉木，铺上木片，再盖上当地自制的土瓦，就成了屋顶，可挡雨。只是在铺设土瓦时，瓦片之间不用贝灰黏接，而是以大瓦为阳作瓦槽，以小瓦为阴作瓦瓴，这样就把可能漏雨的缝隙给封闭了，这就是建筑上所说的“阴阳盖”了。

图3-15　瓦厝

活动：做一做

亲爱的小朋友们，走进麻江畲寨做客，你一定对我们畲族有了许多了解，和欢欢一起来完成美丽的手抄报吧！

做客畲族手抄报

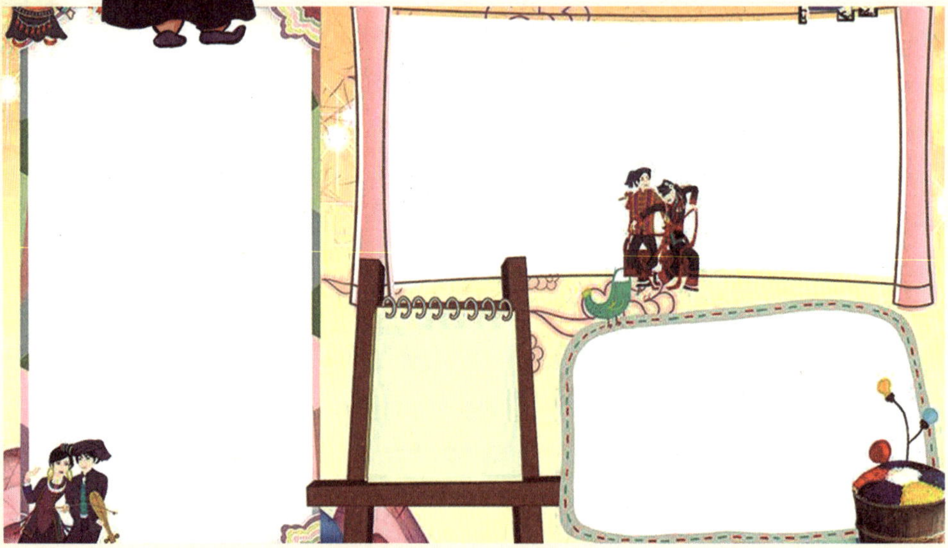

第四单元

探秘仫佬

大家好，你们的小导游迎迎又来了！今天就和迎迎一起走进麻江，去揭开它的第一层神秘面纱——仫佬族，去看看这究竟是一个怎样可爱的民族。看见“仫佬”这两个字，你们肯定在抓耳挠腮吧！那就去找你的字典朋友帮帮忙吧！

一、仫佬族的名称

仫佬族有自称与他称之别。多数仫佬族人自称“伶”，少部分地区自称“谨”或“本地人”。汉族称之为“仫佬”，壮族用壮语称他们为“布谨”。史书记载中写作“姆佬”或“木佬”。麻江仫佬族原来称为“木佬”，1992年2月，经贵州省人民政府批准认定为仫佬。仫佬之名最早载于《新元史》的木娄苗，元、明、清时期，史书多以“木佬”“木娄苗”“姆佬”等相称。对了，“仫佬”一词在民族语言中，就是“母亲”的意思。

二、仫佬族的节日——仫佬年

麻江仫佬族人主要分布于麻江县境内的基东村、翁袍村、翁偿村、琅琊村、中寨村等，在这些仫佬族聚居的村寨中大都有过仫佬年的习俗。

仫佬年是麻江县仫佬族人重要的传统民族节庆活动，被仫佬族人称为大年，春节则被称为达年；过大年可要比过春节更加的热闹、隆重！你们还不知道吧！“仫佬年”已经被公布为贵州省非物质文化遗产保护名录、贵州省世居少数民族名片。让我们一起先一睹为快吧！

1. 为什么要过仫佬年

仫佬年是每年的农历十月的第一个兔日。相传有两个方面的含意：一是相传仫佬族的祖先认为兔子纯洁、吉祥，曾以兔子作为定亲之物，成亲之日正好又是农历十月的第一个兔日，所以这一天就成为仫佬族的节日。过仫佬年有凭吊祖先、继承传统、保持纯洁之意。二是九月秋收结束，十月过年具有庆贺丰收、感谢祖先庇佑之意。很多仫佬家庭还把“仫佬年”这一天视为

黄道吉日，多选择在这一天举行婚礼，以祝愿婚姻和谐、美满。

2. 仫佬年要做什么

你们不知道吧，我们过仫佬年时，可是既忙碌又热闹。过仫佬年的前一天，仫佬族寨要组织族人淘洗水井、灭火炉、包火种；过年的当天，清晨时分，家家户户就要去挑新水，接着打糍粑、酿酒、杀鸡、宰鸭、开田捉鱼。几个寨子还会合在一起举行一些传统的体育比赛，如赛马、对歌、斗鸟、舞草龙等，别提多有意思啦！我们的仫佬年相当于汉族的春节。在这一天，家家户户齐放鞭炮，男女老少皆穿新衣，祭祀祖先，以表达对祖先的敬意。

3. 仫佬年习俗——打保寨

“打保寨”又叫“扫寨”，这是仫佬族特有的一种风俗习惯，也是仫佬年中的一项重要的活动。“打保寨”的时间为农历十月的水（十二生肖鼠）场天。由于仫佬族人主要居住在木质房屋里，冬季到来时，柴草干燥，容易引起火灾。因此防火工作尤为重要；所以“打保寨”既是一项“驱除鬼邪”的活动，也是对族人进行的一次消防安全教育。

4. 仫佬年习俗——斗糍粑

糍粑想必大家都吃过吧？香甜软糯，那叫一个美味啊！我们过春节有一种比较特殊的节日食品，即家家户户都做“斗糍粑”。富有之家做“斗糍粑”的糯米达一二百斤，一般家庭也达到了二三十斤。别小看“斗”糍粑，这可是个体力活，要想吃到细腻可口的糍粑一点也不容易哟！每到大年三十晚上或大年初一、初二，各家各户的青壮年男子都会聚集在一起，互相帮助，把蒸熟了的糯米饭，用舂碓舂溶，两根槌子在糍粑上一起一落间发出“咚咚咚咚”的响声，就好像一首气势磅礴的交响乐，让我们的心也随之砰砰跳了起来。舂好的糍粑再捏成一个个似小碗口大的模样，盖上红色的圆印，放到通风干燥的地方晾干。吃时放到镬里煎软或放在火炉上烤软即可。

图4-1　斗糍粑

仫佬年作为仫佬族的一个传统民族节日，我们都是在居住的村寨自发举行活动。除了“打保寨”“斗糍粑”以外，还有一项有趣的活动——仫佬歌声，仫佬族是一个能歌善舞的民族。在仫佬年那天夜晚，一村的仫佬族人相约在一起，围坐在篝火旁，饮酒欢歌。我们以歌传情，或表达对长辈的尊敬之意，或表达对孩童的关爱之情；也有长者以歌唱的形式向儿孙讲述仫佬族的神秘过往；而在这一天，未婚的青年则会借着歌声向心仪之人表达心中的爱慕之情。听到这里，你们是不是已经迫不及待想去了，别急！更精彩的还在后面。

图4-2　欢庆仫佬年

图4-3　仫佬年载歌载舞

更有趣的来了，那就是仫佬族未婚男女青年的社交娱乐活动——跳屯。

三、仫佬族社交娱乐活动——跳屯

“跳屯”是仫佬族未婚男女青年的社交娱乐活动，每年从农历正月初一起到春社结束。凡仫佬族人居住的村寨，都有一块特殊的地坪，称“屯上”，是男女青年歌舞交际的场所。相邻的村寨轮流“当东”，每个村寨举办3天，吃饭由所在村寨集资招待。正餐须对客人劝酒劝肉，歌舞助兴。非正餐主人须不停地将饭盛到客人碗里，客人设法逃避，互相嬉闹，俗称“闶饭”。饭后即到屯上吹笙跳舞，对歌娱乐。后来因活动时间长、耗资大，“跳屯”逐渐淡化。但一些村寨仍保留着“闶饭”的习俗。

你们知道吗？“聚族而居”是我们中华民族的居住特点。同一个民族或同姓的大都住在一个村子里，仫佬族也不例外；我们聚族而居，同一宗族的人都居住在同一村寨里，相互照应、相亲相爱。

四、仫佬族民居建筑

仫佬族民居，多为砖墙、瓦顶、矮楼建筑。无论是在平地或是斜坡上，房基都要修成高出地面30至60厘米的地台。墙基以火砖砌成。人住底层，楼上是仓房。民居中最突出的特点是以地炉取暖做饭，地炉旁常有一小坛水，内加满水，借助地炉起到加热作用，热水可供日常使用。这一形式的建筑至今已有400多年的历史。

1. 地炉

地炉建于堂屋内大门两侧或厨房中。先在地上挖个坑，在坑中用砖砌好炉子，炉旁安放一个大水坛，坛口与地炉口都略高于地面，以避免污水流入。炉前砌一个煤坑，上面盖块活动的板子。炉子除掏灰的炉门外，以及坛子的周围，全都用泥土填平，表面还得打上三合土。地炉一天到晚都不熄灭，水坛中总有热水。除随时可架锅做饭外，冬天像土暖气设备一样，使堂屋舒适温暖。特别是在潮湿多雨的季节，屋里的粮食和衣物等都不致发霉。逢年过节，家人亲友就围着地炉吃“火锅”，非常方便。因为仫佬族地区产无烟煤，所以使用地炉十分普遍。

2. 民居特色

仫佬族民居都是独家独院，有门楼、围墙，中隔天井。很明显，这是借鉴汉族民宅的建筑特点，但仔细观察，就会发现里面有很多仫佬族本身的特色。仫佬族的民居多以石灰抹墙，内壁下方，以煤灰批荡一米多高，刻上砖纹。顺势均衡地绘上花鸟鱼虫、麒麟、龙凤，再附上几首诗词；宛如一幅活灵活现的画卷，让人目不暇接。

不正南正北

仫佬族各家各户的门楼与正屋，朝向不一致。这是由于仫佬族先人相信风水，认为某年建屋朝某个方向吉利，门楼就朝这个方向建。

户户相连

仫佬族虽是独家独院，但户与户之间都有侧门相通，出正屋后门，就是后邻家的天井，除有巷道相隔或独立建房者外，全屯数十户，几乎可以串通

图4-4　仫佬族民居

图4-5 仫佬族民居外墙

图4-6 仫佬族民居聚落

无阻。这一方面是为了方便邻里平日交往，另一方面是因为旧社会兵灾匪祸频繁，打家劫舍的事时有发生，家家有门相通，便于走避和互相救援。这从一个侧面反映了仫佬族人团结互助、邻里和睦的优良品质。

不知道你们的火眼金睛有没有发现，仫佬族的服饰颜色都是深青色居多，且朴素简约，猜一猜这是为什么？

五、仫佬族服饰

仫佬族人崇尚深青色，使用青色面料是仫佬族服装的特色之一。据史籍记载，明清两代以前，仫佬族妇女多穿滚粗边的宽袍阔袖满襟衫，下着绣花筒裙，项有银圈，耳戴银环，手戴银镯、戒指，颇具民族特色。明朝成化年间，封建统治者曾强迫仫佬族人改装，之后才逐渐有了变化。

200年前，仫佬族“女衣尚青，前后共幅，洞其中，从头笼下，长至膝，胸背幅间以五色绣花卉于上，腰衣褶裙用青布绣花，长及膝，下脚裹青白布，亦绣花边，跣足穿草鞋，项带银圈。用青布搭头，绣红绒卉，仍旋转绕缀红绒四道”（《清平县志》采访册）。

“男人挽髻于顶，女子梳歪髻，身着短裙，衣则前后二幅，绣结五彩”（《黄平州志》）。妇女服装分古装、便装二种。古装不开襟，衣长至膝，胸背缝有长宽八九寸的方形绣花“蓬猛”（仫佬族语，意即背壳）。

近代以来，由于长期与汉族、壮族交错杂居，相互影响，仫佬族服饰逐渐演变，在一些方面与邻近汉族、壮族服饰基本相似。过去仫佬族妇女一般穿大襟上衣、配绣花筒裙或长裤；喜欢佩戴各种金银饰品，在家多跣足，赶圩则穿草鞋。年老妇女腰上都束有青色围裙，系带用黑白相间的棉线织出精致的几何图案，裙边还用抽纱拧线编成网状花纹，朴素而雅观。

现代，仫佬族服饰多改为右襟短衣或其他简便式样，与邻近汉族妇女近似。银饰减少，只有手镯和戒指。

过去仫佬族男子一般穿对襟无领上衣、长裤，头戴六片三角形合成的碗形青布帽。老年人穿琵琶襟上衣（只有富豪乡绅或有“功名”的人才可以穿有领上衣或长衫），长裤，戴硬壳平顶碗帽；多穿草鞋或布鞋，赤脚的不

图4-7　仫佬族服饰

多。小孩喜戴无顶绒绣“花帽”，前帽檐以银制或铜制的小佛像、小铃铛为装饰。而现代青年男子则以对襟外衣和长裤为主。

小朋友们，你们知道吗？几十年前，仫佬族的多数家庭就有织布机和蓝靛染缸。他们自种棉花，自己纺织、染色，缝制衣服；有的还养蚕、缫丝，做丝线绣花、织丝帕等，是不是很厉害啊！仫佬族刺绣始于宋朝，距今已有一千多年的历史了，手法复杂，图案精美：有平绣、剪纸绣、马尾绣，主要应用于背带芯、服装、围裙、腰带、绣花鞋等，图案多以具有美好寓意的图案——太阳、双鱼、凤凰为主。现在，仫佬族人多从集市购买成品或购布自己加工制作衣服。

图4-8　灰拔豆腐制作工具

说了这么多仫佬族的民族特色，大家都饿了吧！我现在给大家介绍一种可以煎、炸、炒、煮的麻江仫佬族美食——灰拔豆腐。

六、舌尖上的“非遗”——麻江灰拔豆腐

灰拔豆腐是我们麻江县仫佬族传统特色美食，我们以当地种植的富含锌、硒元素的绿皮小黄豆、酸汤和多种中草药烧制而成的草木灰等为原料，采用传承了400多年的仫佬族传统手工豆腐制作工艺制作。

灰拔豆腐的取材特别讲究，用的是我们当地特产的绿豆。绿豆经过浸泡、研磨和高温蒸浆后，去渣过滤，通过点酸等工艺将豆腐制作成型。而成型后的豆腐在压榨定型后，还要经过一道至关重要的灰拔环节。灰拔就是将成型的豆腐裹上一层中草药烧成的草木灰，放置12小时。草木灰里含有中草药，可以帮助人体消化，美容养颜，其中含有的碱还可以帮助人体维持酸碱平衡。

灰拔豆腐口感鲜嫩，散发着淡淡草木清香，备受当地人的喜爱，是家家户户餐桌上必不可少的菜品，它的烹调和普通豆腐相同，可以煎、炸、炒、煮、下火锅、烧烤。

我们的灰拔豆腐2016年被列为县级非物质文化遗产名录，2018年被列入州级非物质文化遗产名录。

图4-9　正在制作灰拔豆腐的仫佬族妇女

（a）

（b）

（c）

图4-10　灰拔豆腐成品

活动：说一说

小朋友们，通过迎迎的介绍，你们了解了多少仫佬族民族文化呢？请你和身边的小伙伴说一说吧！

第五单元

唱响布依

姐姐　大哥　登家门啦

稻花　李花　朵朵艳哎

石榴开红花啊

开花敬酒喂

来到初哟喂

喝杯米酒　慢慢进门啦

稻花　李花　朵朵鲜哎

石榴开红花啊

图5-1　布依族敬酒

动听的布依敬酒歌唱起来，现在就跟随美丽可爱的布依族小姑娘——妮妮去喝“拦门酒”吧！

麻江县的布依族村子，拦门酒一定要喝三杯，红鸡蛋、粽子随便吃，气氛非常和谐……这是麻江布依族特色风情。

喝了醇香的“拦门酒”，妮妮就自豪地介绍一下麻江县布依族的非遗文化和独特的布依风情吧！

一、布依族的非物质文化遗产

1. 神秘的布依戏

小朋友们，你们知道吗？在麻江一直流传着一种传统的戏剧，它就是麻江布依戏，同时它也是省级非物质文化遗产，下面随妮妮一起去欣赏一下吧！

布依戏表演时有着固定的程序，一般由祭祀、请祖师开箱、降三星、打加官、正戏、扫台、封箱等部分组成，最主要的当然是正戏。

正戏的剧目有两类，分别是本民族剧目和移植剧目。其中本民族剧目以讲述布依族传说故事为主。除此之外，《罗细杏》《人财两空》这类剧目，用“双语”演出，如在正戏演出前的“引子”“定场诗”“自报家门”等与表现剧中“规定情境”时，均说汉语；而抒情演唱、对话道白、插科打诨，则用布依语。

图5-2　布依戏

2. 布依蜡染

亲爱的小朋友们，你们知道布依蜡染吗？

纯天然的染料

麻江布依族蜡染的传统染色，以蓝靛液浸染，呈蓝白相间的效果。由于点、线、面的配合有致，宾主、大小蓝白的疏密得当，自然生成冰纹的虚实变化，使白底蓝花或蓝底白花看起来更加显得清秀淡雅，更加显得富有韵味。

图5-3　布依蜡染

美丽的纹样

蜡染图案有几何纹样，也有自然纹样，有的还可以从铜鼓纹样上找到彼此的渊源关系。自然纹样十分生动传神，采用最多的是石榴、牡丹、蕨草等各种花草以及蝴蝶、蝙蝠、喜鹊等动物。

无论是哪种图案，布局大都对称而又多变，构图大多夸张而又得体，线条十分流畅而又自然，充满了浓郁的生活气息，寄寓着人们的美好愿望，显示出人们的丰富想象和独具匠心。

头帕和长裙

布依族蜡染的头帕，一端有缨须，周边为蜡画，主体为扎染工艺，手法娴熟，线条流畅。

布依族蜡染饰斗纹长裙，裙身蜡染白底满缀黑色星点纹，属布依族未婚女子着装，蜡染的冰纹拥有让人们为之赞不绝口的特色。

蜡染布料，图案丰厚朴实，绘画活泼豪放，并呈出独有的龟纹（也可以说是小波纹），具有机器所不能代替的艺术效果哦！因此，布依族蜡染的独特技艺被列为省级非物质文化遗产。这可是我们麻江布依族人民的骄傲哦！

3. 抵珍花灯戏

小朋友们，你们想了解抵珍花灯戏曲吗？让我来为你们介绍吧！

“妹在后园掐菜薹，谁人丢颗石头来，你要菜薹拿把去，你要玩耍晚上来。后园有颗梧桐树，你要玩耍顺到梧桐来。”幽默诙谐的语言，配上纯朴的地方方言和押韵的花灯调，一台纯正的抵珍花灯戏正在精彩上演。

抵珍花灯戏是麻江抵珍寨群众自编自演的一种戏目，因不搭戏台，在平地演唱，所以又称土戏。

悠久的历史

抵珍花灯戏起源于明朝初期汉族民间小调和广西彩调，至今已有600多年历史。清嘉庆年间，形成了特有的说唱艺术和民间舞蹈艺术。主要剧目有《出台》《采茶歌》《摘菜薹》《一棵板凳拖一拖》等40余出。

图5-4　抵珍花灯戏

赋予的内涵

20世纪50年代黔桂铁路的建成，使区域交流趋于频繁，在吸收独山、三都等南派花灯戏的艺术营养的基础上，抵珍花灯戏在艺术上更臻于成熟。它集歌、舞、乐为一体，不仅丰富了麻江群众的文化生活，还充分体现了布依族人民的价值取向、文化内涵和民俗事象，所以被列为县级非物质文化遗产！

你看，图片上的叔叔阿姨多开心呀！咱们一起加入他们吧！

图5-5　表演花灯戏的群众

二、美丽的布依族服饰

尊贵的客人，跟随妮妮姑娘换上布依族服饰吧！

由于布依族男女喜欢穿青、蓝、白等颜色布衣服，所以布依族服饰多为青、蓝、白等色，而且大多数是自制的织锦和蜡染，这也成为布依族服饰的一大特点。

图5-6　布依族服饰

穿法的讲究

以前的男子包头巾、穿对襟短衣或大襟长衫及长裤；女子多着短衣长裤，或在衣襟、领口和裤脚镶上蜡染或刺绣花边。同时布依族妇女讲究头饰，婚前头盘发辫，戴绣花头巾；婚后须改用竹笋壳作“骨架”的专门饰样，名曰“更考”，意为成家人。而老年人大多穿对襟短衣或长衫。

图5-7　布依族小朋友

你知道吗？布依族所居住的地域较为广阔，因此各地的妇女服饰各有特色；有的穿蓝黑色百褶长裙，有的喜欢在衣服上绣花，有的喜欢用白毛巾包头，戴银质手镯、耳环、项圈等饰物。

小朋友，你们看看美不美？

三、热闹的布依族节日

小朋友们，到妮妮姑娘家一起过大年节吧！

据方志记载，布依族“以十一月为岁首”，每到冬月，家家户户忙着酿酒、打糯米粑、腌制腊肉、做血豆腐，或缝制新衣。除夕以丰盛酒菜供奉祖宗，并燃放爆竹，阖家守岁到鸡鸣。

大年节现在已统一并入春节，正月初一那天啊，小姑娘们都会去争挑第一担水回家（又称“聪明水”）。小男孩们就争先到土地庙旁用绳子牵来小块石头放入畜圈（意思是“六畜兴旺”）。大年期间，青年们相约一起外出“朗绍朗冒”；中老年人会彼此拜年祝贺，一块儿饮酒为乐。多么快乐的节日呀！

1. “三月三”和“四月八”

“三月三对歌会”，又叫“仙歌节”或“地蚕会”（传说这一天害虫听到歌声就不敢危害庄稼）。

布依族“三月三”具有宗教文化、感恩文化、枫香文化的内容，每家都做五彩的花米饭来祭祀灶神和祖先，通过“扫墓挂青”来感恩自然、祖先和社会，体现了团结友爱的精神。在“三月三”唱歌时，它的唱、白用具有民族特色的布依语，充满了布依族民族风情。

图5-8　演奏乐器的布依族青年

“四月八”即农历的四月初八，这是布依族纪念耕牛的节日。这一天家家吃“牛王粑”和糯米饭，并用糯米饭或糯米粑来喂牛，让平常辛勤劳作的牛舒舒服服地休息一天。人们还会用枫树叶泡水给牛洗澡，这一定是牛最幸福的一天了。

2. “六月六”

“六月六”又称“敬秧苗”“敬青苗”“敬谷神”。

相传谷神是由老祖先演变而来，因为生老病死是人生的自然规律，老人一代接着一代的逝去，而布依族供奉祖先的杯盏是一成不变的，“千人共杯，万人共盏”，老祖先在家神中一代一代被取代，曾经的老祖先就到田边地角给子孙守护田业，成了庄稼的守护神、丰收神，即“谷神”。

图5-9　身穿民族服装的布依族妇女

图5-10　放声高歌的布依族妇女

3. 吃新节

吃新节又叫尝新节，是麻江布依族人民为了庆贺丰收并祈福来年丰收而举行的传统农事节日。

预示丰收

大多在农历六月至九月间农作物成熟或农作物即将丰收时举行。人们趁农事稍闲时，休息娱乐，调剂一下生活。过节时，家家包粽粑，几户联合杀一头猪或全寨宰一头牛分食，鸡鸭鱼则各户自备。

特殊祭祀

进餐前要用的祭品是由家中男子到田中摘来7至9个秧苞（孕穗）谷穗，放在甑中与糯米一同蒸熟后置于饭上祭祀“花树”“岩妈”或祭“桥”以及祖宗神灵。

当日主要以糯米饭为主食。对歌、赛歌、赛马，感谢天公赐福，预祝当年丰收。

节日的庆祝，总有美食相伴！和妮妮姑娘一起品尝布依族美食吧。

四、布依族美食

说起美食，小朋友们一定非常感兴趣吧！布依族的美食呀，更是种类丰富、令人垂涎三尺哟！

布依族的人民以大米为主食，他们也吃玉米、小麦、红稗、荞麦等。

1. 褡裢粑

褡裢粑是布依族八月十五供祖宗用的食品，有些地方七月半也制作。它是将糯米用温水浸泡淘干舂成米面备用。使用时，有的将芭蕉和面一起搅拌，配上红糖；有的是纯的糯米面，揉成像鸡蛋大小的面团；有的用猪肉、木耳、干笋混合为心子（油心子）；有的用红糖和炒熟的芝麻、花生舂碎做心子（甜心子）。

每两个面团放在一张芭蕉叶（间隔）包好，折起放到甑子里蒸熟即可食用。褡裢粑颜色酱黄，香甜细嫩，健胃补脾，口感良好。

2. 重阳糍粑

布依族重阳节一定会做香甜软糯的糍粑。

制作方法

首先，将糯米浸泡一天以上，滤干水，置木甑里蒸熟。

然后，将蒸熟的糯米倒入石臼舂烂至胶状，

图5-11　重阳糍粑

最后，在干净的器皿上撒些糯米粉，将舂烂的糯米加馅置其上揉搓，捏成小团或饼状，还可以用特制的模具印成各种图案，置通风干燥处阴干。

变化多样的吃法

糍粑食用方法很多，可油煎，可水煮，可火烤，可以同甜酒一起煮沸加糖。

逢年过节，布依族人民必食糯米饭，并以糯米粑赠送亲友。节日里还喜食用花汁和树叶汁染制的各色“糯饭”，还有正月里的枕头粽、端阳节的三角粽、六月六的米团子等，都是逢年过节、走亲访友时不可缺少的礼物。

图5-12　糯米饭

3. 酿酒高手

布依人家户户皆能酿制糯米酒和大米、玉米烧酒。一些地方还制作糯米烧窖酒、薏仁米酒、蔗糖酒等，颇有特色。有的米酒用野生刺藜果混合酿造，营养丰富，用以款待贵客。刺藜酒酿造技术，已有数百年历史。

小朋友们，有时间来布依人家游玩哦，妮妮一定盛情邀请你们来跟我共享美食哦！期待你们的到来。

五、布依族的竹鼓舞

品尝了布依族的糯食，跟随妮妮跳一跳布依族独特的舞蹈吧！

传说中，布依族是竹王的后代。因此，他们总爱在房前屋后种竹子，依竹而居，不仅利用竹子制作了生活所必需的器具如背篓、鱼篓等，同时布依族人也把竹子制作成为祭祀、休闲娱乐的音乐、舞蹈道具，“竹鼓舞”便由此而来。

（a）

（b）

图5-13　竹鼓舞

“竹鼓舞”是麻江县布依族流传了600多年的传统舞蹈，由于历史原因，20世纪一度没落，濒临失传。近年来，麻江县通过落实国家民族文化保护政策、非物质文化遗产保护政策，把布依族竹鼓舞的发掘性抢救列为民族文化保护重点任务，依托民族文化进校园项目平台，丰富校园民族文化生活，让布依族传统文化在校园里得到更好的传承和弘扬。

欢快的竹鼓舞跳累了，跟着妮妮，咱们到布依族同胞的屋子里休息一下吧！

六、布依族的“麻栏”

布依族民居有楼房、半楼房和平房，等等。半楼房一般采取后半部是平房，前半部是楼房，或左（右）半部是平房，右（左）半部是楼房的建筑格局。

楼房上层高，住人，下层低，圈牲畜，古称“干栏”，或称“麻栏”。它的结构简单，形式美观，适用于南方山区的地形特点。

在房间布局中，堂屋后壁设神龛供奉祖先，左右两侧分隔成灶房、寝室、客房。室内设有火堂，供一家人取暖。

麻江由于地产石头，当地的民居从基础到墙体都用石头垒砌，屋顶也盖石板，称为石板房；加上石砌的寨墙和山顶的石砌古堡，形成典型的石头建筑群。村寨布局与寨前的田坝、小河及通向各处的石板平桥和石拱桥梁相互映衬。

图5-14　布依族民居聚落

活动：学一学

亲爱的小朋友们！悦耳动听的布依族敬酒歌不仅唱出了对客人的欢迎，而且还唱出了布依族人民的热情好客！咱们一起来学唱布依族敬酒歌吧！

第六单元

民族携手 璀璨贵州

亲爱的小朋友们，自古以来我们中国就是一个多民族的国家。虽然每个民族在服饰、语言、生活习惯等方面都还保有各自的特色，但我们流着同样的血，都是中华民族的儿女，是真正的一家人。正如歌中所唱：“五十六个民族，五十六枝花，五十六个兄弟姐妹是一家。”五十六个民族你中有我，我中有你，用独特的魅力在中华大地上画下浓墨重彩的一笔。

2014年5月召开的第二次中央新疆工作座谈会上，习近平总书记说：“各民族要相互了解、相互尊重、相互包容、相互欣赏、相互学习、相互帮助，像石榴籽那样紧紧抱在一起。”在以习近平同志为核心的党中央的领导下，全国人民走向中华民族的伟大复兴，实现民族大团结共繁荣的美好局面。

我们的家乡贵州地处西南，曾经是中国农村贫困面最大、程度最深的地区，而如今各族人民上下团结一心，创造出一个又一个奇迹，贵州人民昂首跨进新时代。

一、多维立体交通网

“地无三里平，人无三两银”曾经是用来形容我们贵州省的标签，地面是延绵起伏的群山，脚下是神秘的喀斯特地貌，独特的地理环境制约着我们的发展。经过各族劳动人民的不懈努力，现在的贵州凿隧道、建桥梁，彻底打破地域的桎梏，建造了多维立体交通网。贵州成为全中国高速公路综合密度最大、西南地区机场分布密度最高的省份，随着贵广高铁、沪昆高铁、渝贵高铁、成贵高铁的陆续开通，贵州成为西南高铁的枢纽。多维立体交通网的打造不仅解决了百姓出行的难题，更是通过便捷的交通打开了贵州对外联系的大门！

1. 航空——空中航线

如今我们贵州省形成了“一干八支”的机场布局。其中主干线机场为贵阳龙洞堡国际机场，剩下的八个支线机场分别是遵义新舟机场、铜仁凤凰机场、兴义万峰林机场、安顺黄果树机场、黎平机场、黔南州荔波机场、毕节飞雄机场、凯里黄平机场、六盘水月照机场。

贵阳龙洞堡国际机场是中国西南地区一个重要的航空枢纽，机场占地面积约6 000亩，机场跑道长3 200米、宽45米，机场候机楼建筑面积约34 000平方米，有设备先进的国际、国内候机大厅，可满足年旅客吞吐量500万人次，高峰每小时2 000人次的进出港需要。2006年1月19日，贵阳龙洞堡机场更名为贵阳龙洞堡国际机场，成为中国西南地区第四家国际机场，如今已经开通国际航线110多条。

超链接：

中国人的飞天梦

从2018年开始，中国民航定期航班、航线已达4 945条。2018年全年运输总周转量达到1 206.53亿吨千米，旅客运输量达61 173.77万人次，货邮周转量达262.5万吨千米，中国民航运输规模连续14年稳居世界第二。

2. 桥梁——悬挂在半空的奇迹

我们贵州隐藏着十四座闻名世界的高桥。其中最为人们津津乐道的是与云南交界处横跨的世界第一高、第二大跨境的钢桁梁斜拉大桥——北盘江大桥。北盘江大桥全长1 341.4米，桥面至江面距离565.4米。由于北盘江大桥第一桥地处高原边界深山地区，地势十分险峻，地质条件非常复杂，给大桥的修建增加了很多的困难。但为了便利贵州与外界的交通，各族劳动人民发挥自己的所长，不怕苦不怕累，最终实现低成本、低污染、低耗能的建设目标。正是因为各族人民的团结奋进，将不可能变成可能，才最终在山峦中架起这座享誉世界的高桥！

鸭池河大桥位于黔西县，总高434米，横跨800米，是目前世界排名第五的高桥，世界第二高的斜拉桥。同时仅用时三年建成的鸭池河大桥，修建速度之快，甚至创造了另一项世界纪录。

清水河大桥地处瓮安县，高406米，总跨度为1 130米，是目前世界排名第六的高桥。令人咋舌的是，清水河大桥是世界上唯一一座能够在三年内建成的1 000米以上主跨的悬索桥。

除此之外还有排名第九的六广河大桥、排名第十的坝陵河大桥、第十一的北盘江大桥（关兴公路）、第十二的抵母河大桥、第十三的六冲河大桥、第十六的马岭河大桥、第二十五的晴隆北盘江大桥……

图6-1　桥梁

活动：画一画

小小设计师，你也来设计一座你心目中的超级大桥吧！

超链接：

超级工程——港珠澳大桥

这项享誉世界的超级工程就是一座连接香港、广东珠海和澳门的桥隧工程。因超大的建筑规模、空前的施工难度和顶尖的建造技术而闻名世界。大桥于2009年12月15日动工，历时九年，终于在2018年10月24日建成运营。大桥全长55千米，其中主桥29.6千米、香港口岸至珠澳口岸41.6千米，大桥设计使用寿命120年，可抵御8级地震、16级台风、30万吨撞击以及珠江口300年一遇的洪潮。港珠澳大桥目前是世界上最长的跨海大桥。

3. 高速——蛛网般的公路

你们知道吗，咱们贵州可是西部地区第一个实现县县通高速的省份，全省高速公路网规划总里程将达到10 096千米，其中国家高速4 127千米、省级高速3 641千米、地方高速2 328千米，高速公路的综合密度居中国第一！可称得上是蛛网般的高速公路！除此之外，贵州还累计建成了近8万千米的农村通组硬化路，惠及一千多万户农村人口。

图6-2　高速公路

图6-3　高铁

4. 高铁——西南交通枢纽

2014年12月26日，连接贵州、广西、广东三省（区）的贵广高铁全线开通，意味着贵州正式步入高铁时代。群山环绕的贵州打破了地域的限制，贵阳、广州牵手成就4小时经济圈。贵州省城际铁路规划，总里程4 256千米，3条环线，8条射线，将把贵州的9个地州市全部串联起来，打造一个以贵阳为中心的“1～2小时交通圈”。随着沪昆高铁、渝贵高铁、成贵高铁的陆续开通，人流、物流、商流、资金流迅速汇聚，为贵州人民的脱贫攻坚打开一条康庄大道。高铁连接了北京、成都、重庆、广州、昆明等大城市，使贵阳成为川渝地区南下珠三角的必经之路，同时将分布在贵州地区高铁沿线的宝贵旅游资源串联在一起，从而推动贵州旅游业向纵深发展。

二、坐着高铁游贵州

贵州，一个山美水美人更美的省份。贵州不光拥有“中国世界自然遗产最多”的省份之称，走进贵州你还能感受全国数量最多的传统村寨。60%的森林覆盖率让贵州成为天然的大氧吧，优质的绿色农产品成为贵州的名片。随着立体交通网的建成，贵州的旅游业蓬勃兴起，让我们一起坐着高铁游贵州吧。

1. 亚洲第一大瀑布

“呜呜呜……”快来登上成贵高铁！咱们一起去安顺市吧！在这里最为人津津乐道的便是位于安顺市镇宁县的黄果树瀑布。它高77.8米，其中主瀑高67米；瀑布宽101米，其中主瀑顶宽83.3米，以高度和宽度在世界排名第

图6-4 黄果树瀑布

三，是亚洲第一大瀑布哟！

关于“黄果树”的传说

相传，在黄果树瀑布的山坡上，住着一个种庄稼的老汉，他在房前屋后种了100棵黄果树。有一年，这100棵树却只结了一个如南瓜般大小的黄果。一位商人想花高价买黄果，可老人不卖，在争抢过程中，黄果掉入瀑布下方的潭水中，瞬时瀑布水不流了，潭底水干了，露出许多的金银宝藏。贪心的商人下去拿宝藏，这时，瀑布水流忽然恢复，一眨眼，潭水就淹没了商人和宝藏。原来那个奇特的黄果正是打开潭底聚宝盆的钥匙。从此，瀑布就被命名为黄果树瀑布。

观瀑的最佳时期

长江源头的冰山融水是瀑布的主要水源。每年6、7月份由于雨水充沛，是瀑布水势最大的时候，也是领略其壮观的最佳时期。除此之外，黄果树瀑布是世界上唯一一个可以从前、后、左、右、上、下六个方位观看的瀑布。

2. 赤水丹霞

乘坐着渝贵高铁，欣赏着窗外的崇山峻岭，咱们第二站来到了赤水市，这里隐藏着青年早期丹霞地貌的代表，我国第8个世界自然遗产项目。赤水丹霞是全国面积最大、发育最美丽壮观的丹霞地貌。丹霞地貌主要以高原峡谷型和山原峡谷型为主，峡谷深切，地面破碎，地势起伏大。

神奇的造物主让你可以体验到“丹霞绝壁、天下奇观”的大白岩和“天造地设、鬼斧神工”的五柱峰，亚热带湿润气候成就了桫椤国家级自然保护区、竹海国家森林公园、燕子岩国家森林公园、亚热带常绿阔叶林自然保护区等独特的旅游环境。

3. 观察宇宙的“眼睛”

贵南高铁到达独山后，我们可以转车来到平塘。2016年9月25日，贵州省平塘县境内一座口径500米的“眼睛”落成启用。这只“眼睛”被称为天眼，因为它是一个巨大的望远镜，是世界上目前口径最大、最具威力的单天线射电望远镜。

图6-5　赤水丹霞

图6-6　天眼

天眼的主要任务是替人类来观察宇宙，勘探宇宙内的信息。天眼远远地看起来像一个很大的铁锅，事实上，这个望远镜的直径已经超过了500米。它的整体形状是圆形的。这个空间几乎相当于几十个篮球场地那么大，而且它检测到的信号也很不寻常。天眼首次发现了新快速射电暴，首次探测近邻河外星系的原初气体成分，发现并认证的脉冲星达到114颗……如此斐然的成绩，向世界展示了中国不容小觑的综合实力！

4. 大数据产业博览会

无论你乘坐哪一辆高铁，都能把你带到贵州省省会城市贵阳，我们将在这里领略现代化的贵州。贵州省从一个科教事业落后的省份，成为信息时代的前沿地区，很大程度上是得益于大数据博览会。大数据博览会让贵州走上世界的舞台。从2015年开始，每年5月26日，国际大数据产业博览会暨全球大数据时代贵阳峰会在贵阳开幕。这就是我们贵阳人甚至贵州人都自豪的“大数据产业博览会”，简称“大数据”。现在贵州成为全国乃至全世界大数据著名企业的聚集地。

在一个4万平方米的展馆内，我们可以看到大数据相关的令人炫目的电子产品、高端的技术、软件、业界最新的成果……

它是全球第一个专注于大数据，融业界实体、思想、潮流于一体的平台，它可以无限大。博览会举办时，会有很多论坛，会有草根创新大赛，我们可以在上面听到最精彩的论道，对话行业的专家，看到创业的汗水，甚至看到行业的趋势、走向、未来所在。

5. 从大山驶向国际的列车

地处西南的贵州，因为群山环绕的地域条件制约了城市的发展。在全国人民共同为脱贫攻坚而努力的时刻，一条中欧班列“贵西欧”国际货运班列为贵州的经济发展提供了新的机遇。

黔货去哪儿

贵州的茅台酒、凤冈锌硒茶、惠水黑糯米酒等早已享誉国际，并出现在《中欧地理标志协定》中。随着国际货运班列的正式运营，贵州的黔货将从贵阳奔向西安，抵达西安港后将搭乘中欧班列长安号至哈萨克斯坦、乌兹别克斯坦及白俄罗斯等欧亚国家。

共建“一带一路”

中欧班列“贵西欧”是贵州融入“一带一路”建设的重要举措。“一带一路”是“丝绸之路经济带”和“21世纪海上丝绸之路”的简称。丝绸之路为两汉时期中国连接东西方文明的陆上贸易和文化交流通道，而如今随着全球化、多样化、信息化的发展，共建“一带一路”已经势在必行。我们贵州以地理优势为依托，打造西部海陆连接线，推动经济发展。并且利用国家大数据的优势，加强数字经济的合作，提升网络互联互通水平。同时还加快可持续发展的生态文明建设，打造“美丽中国，绿色贵州”的名片。

“一带一路”共同繁荣

“一带一路”是促进各国之间共同发展、实现共同繁荣的合作共赢之路，是增进理解信任、加强全方位交流的和平友谊之路。通过“一带一路”的建设，各国间的人文交流将更加紧密，经济发展将更加迅速，政治交流将更加深入。

活动：看一看

小朋友们，让我们一起搭上这辆国际快车，走出贵州，走出国门，领略异国的风情吧！

三、英雄人物知多少

在以习近平同志为核心的党中央的领导下，各民族手挽手、肩并肩团结起来，休戚与共、互相团结、共同为实现“两个一百年”奋斗目标、实现中华民族伟大复兴的中国梦而奋斗！一批又一批各行各业的超级英雄默默地坚守自己的岗位，坚决拥护党的领导，守初心，担使命，为祖国的繁荣昌盛贡献自己的力量。

“共和国勋章”——钟南山（汉族）

“国家荣誉称号”——陈薇（汉族）

“诺贝尔医学奖”——屠呦呦（汉族）

“世界杂交水稻之父”——袁隆平（汉族）

“奥运冠军”——王明娟（瑶族）

“中国机械工程专家”——钟廷修（畲族）

“人民楷模”——布茹玛汗·毛勒朵（柯尔克孜族）

“人民楷模”——王有德（回族）

“人民英雄”——艾热提·马木提（维吾尔族）

“人民楷模”——都贵玛（蒙古族）

“民族团结杰出贡献者”——热地（藏族）

“人民楷模”——高德荣（独龙族）

活动：说一说

超级英雄们平凡而伟大，无私地为祖国奉献自己的力量，你都知道他们什么事迹呢？除了这些耳熟能详的超级英雄，你还认识哪些超级英雄？